KOCHEN OHNE BLABLA

LOW BUDGET

DK

INHALT

GEMÜSE

DESSERTS

EINKAUFSLISTEN

REGISTER

NUR KURZES BLABLA VORWEG …

WEIL WIR BEWEISEN WOLLEN, DASS MAN AUCH MIT SCHMALEM BUDGET KÖSTLICH ESSEN KANN, PRÄSENTIEREN WIR IN DIESEM BUCH 65 REZEPTE, DIE WENIG KOSTEN UND MIT EINEM BLICK ZU ÜBERSCHAUEN SIND.

Eigentlich möchtest du gern mehr selbst kochen, aber du hast keine Lust, endlose Rezepttexte zu studieren? Du isst gern richtig gut, bist aber knapp bei Kasse? Trotzdem willst du nicht tagein, tagaus nur Butterbrot essen? Wir zeigen köstliche Gerichte, die nicht gleich das Bankkonto sprengen. Mit wenigen, aber guten Zutaten, die gekonnt kombiniert werden, punktest du auch bei Gästen.

Die Rezepte in diesem Buch sind so schnell und einfach nachzukochen, dass sie sich auch in einen vollen Alltag integrieren lassen. Jedes Rezept gibt die Zutaten nacheinander an. Die Pfeile zeigen, wie die Arbeitsschritte aufeinanderfolgen. Also zähle 1 und 1 zusammen und lass dich von den 65 Rezepten überraschen!

DAS PRINZIP IST GANZ EINFACH: Bild für Bild in der Reihenfolge der Pfeile vorgehen, dann kommt am Ende etwas Feines auf den Tisch. So einfach ist das!

01 ÜBERBACKENER TOAST
mit Sardinen

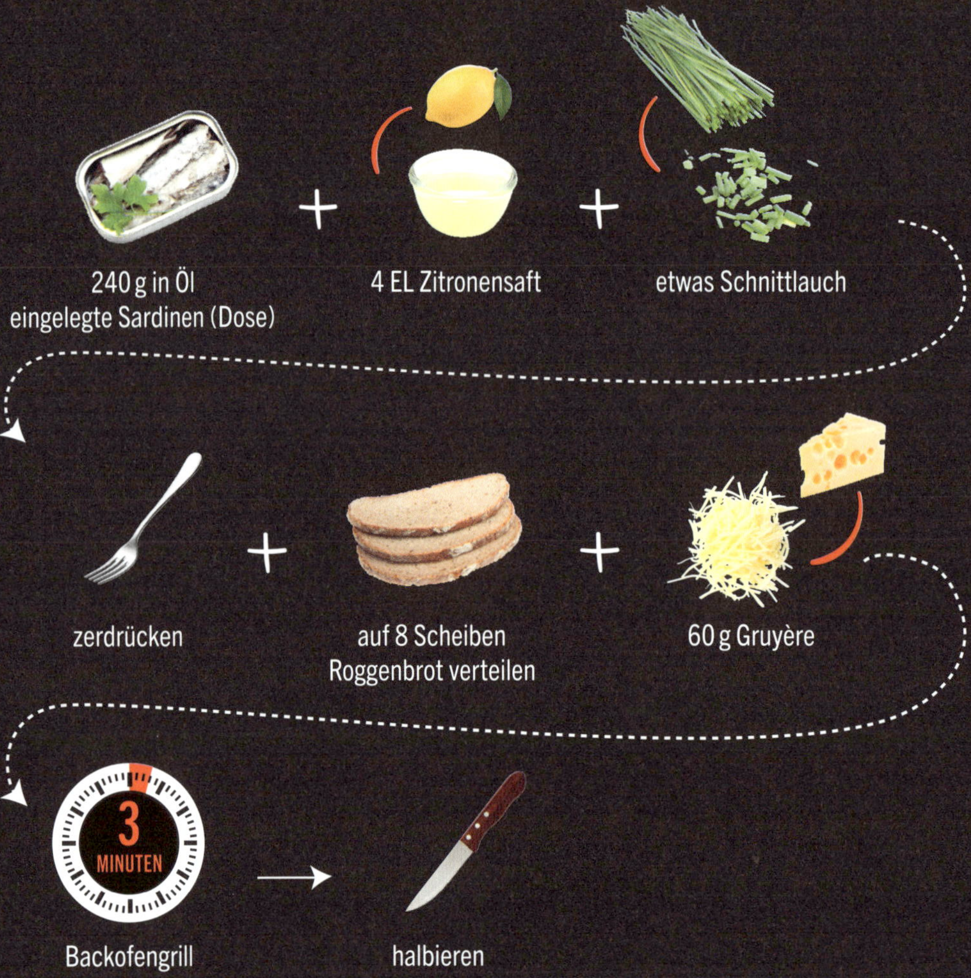

FÜR 4 PERSONEN
VORBEREITEN: 15 MINUTEN

02 GEBACKENE PFIRSICHE

mit Rohschinken und Basilikum

2 Pfirsiche, entsteint und geviertelt

\+

4 Scheiben roher Schinken

\+

½ Bund Basilikum

→

Pfirsichviertel in Schinken einwickeln

\+

\+

Backpapier

\+

\+

1 Schuss Olivenöl

\+

→

Backofen 180 °C (Ober-/Unterhitze)

FÜR 4 PERSONEN
VORBEREITEN: 15 MINUTEN
GAREN: 20 MINUTEN

03 ÜBERBACKENES BROT

mit Champignons

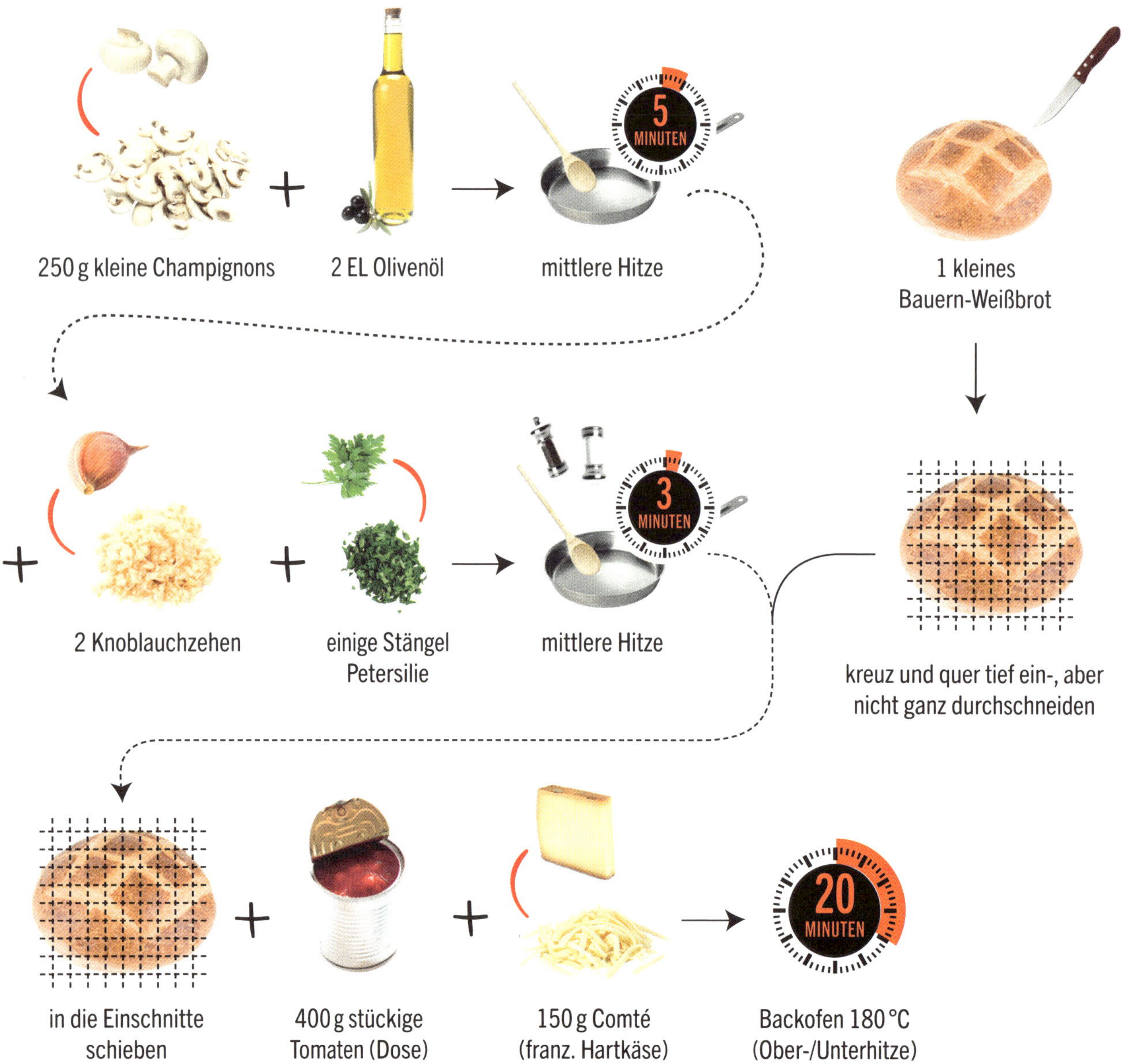

FÜR 4 PERSONEN

VORBEREITEN: 20 MINUTEN

GAREN: 28 MINUTEN

04 FALAFELN

aus dem Backofen

400 g Kichererbsen (Dose), abgetropft + 1 Zwiebel + 1 Knoblauchzehe + ¼ Bund Koriandergrün

\+ 2 EL Mehl + → Mixer + etwas Wasser (falls nötig)

12 flache Bratlinge formen + [Backpapier +] + 1 Schuss Olivenöl

20 MINUTEN

Backofen 180 °C (Ober-/Unterhitze)

FÜR 4 PERSONEN
VORBEREITEN: 10 MINUTEN
GAREN: 20 MINUTEN

05 BLUMENKOHLRÖSCHEN
ausgebacken

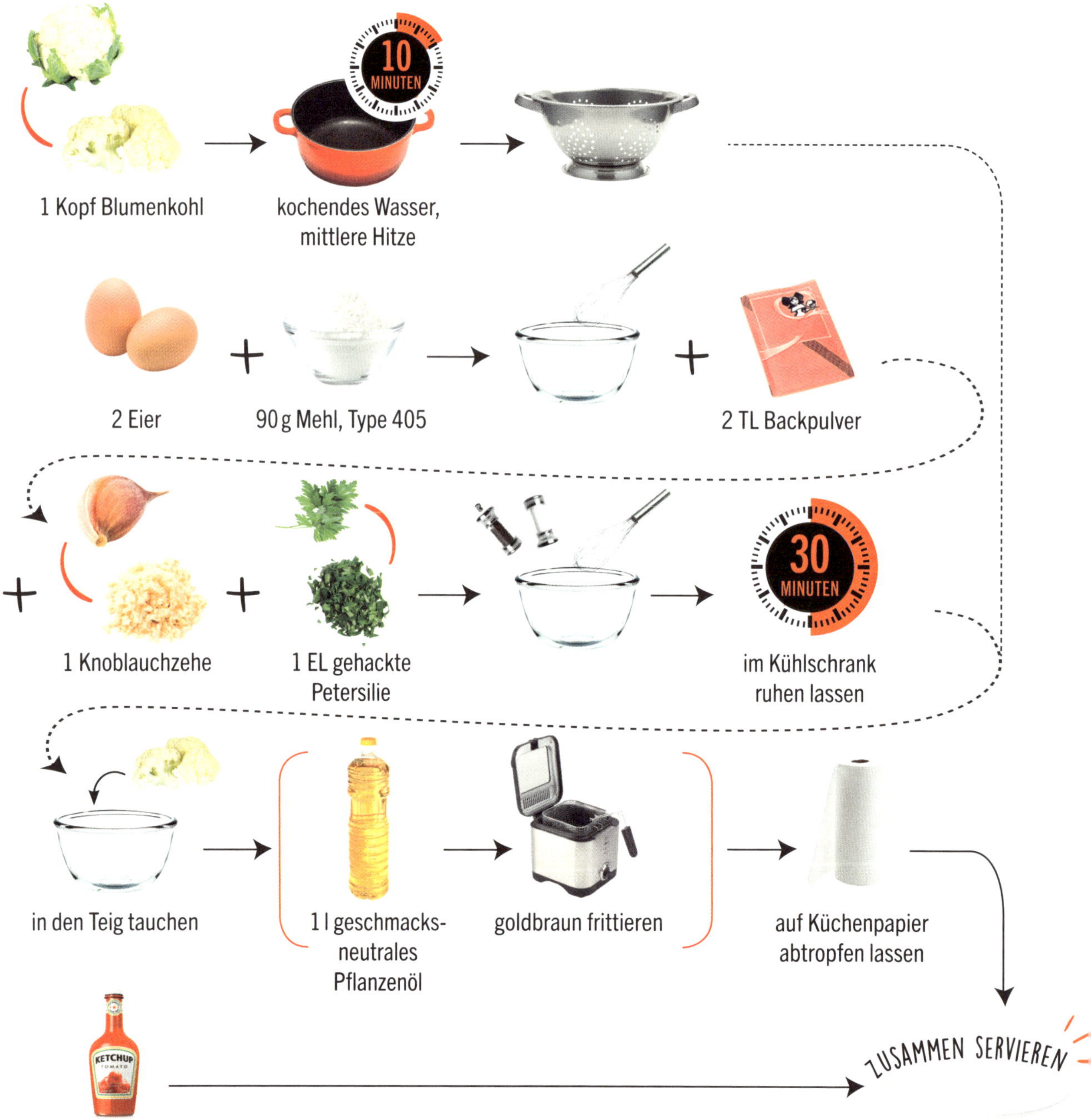

1 Kopf Blumenkohl → kochendes Wasser, mittlere Hitze (10 MINUTEN) →

2 Eier + 90 g Mehl, Type 405 → + 2 TL Backpulver

+ 1 Knoblauchzehe + 1 EL gehackte Petersilie → → im Kühlschrank ruhen lassen (30 MINUTEN)

in den Teig tauchen → 1 l geschmacksneutrales Pflanzenöl → goldbraun frittieren → auf Küchenpapier abtropfen lassen

Ketchup

ZUSAMMEN SERVIEREN

FÜR 4 PERSONEN

VORBEREITEN: 25 MINUTEN

RUHEN: 30 MINUTEN

GAREN: 25 MINUTEN

06 ÜBERBACKENE AVOCADOS

mit Ei

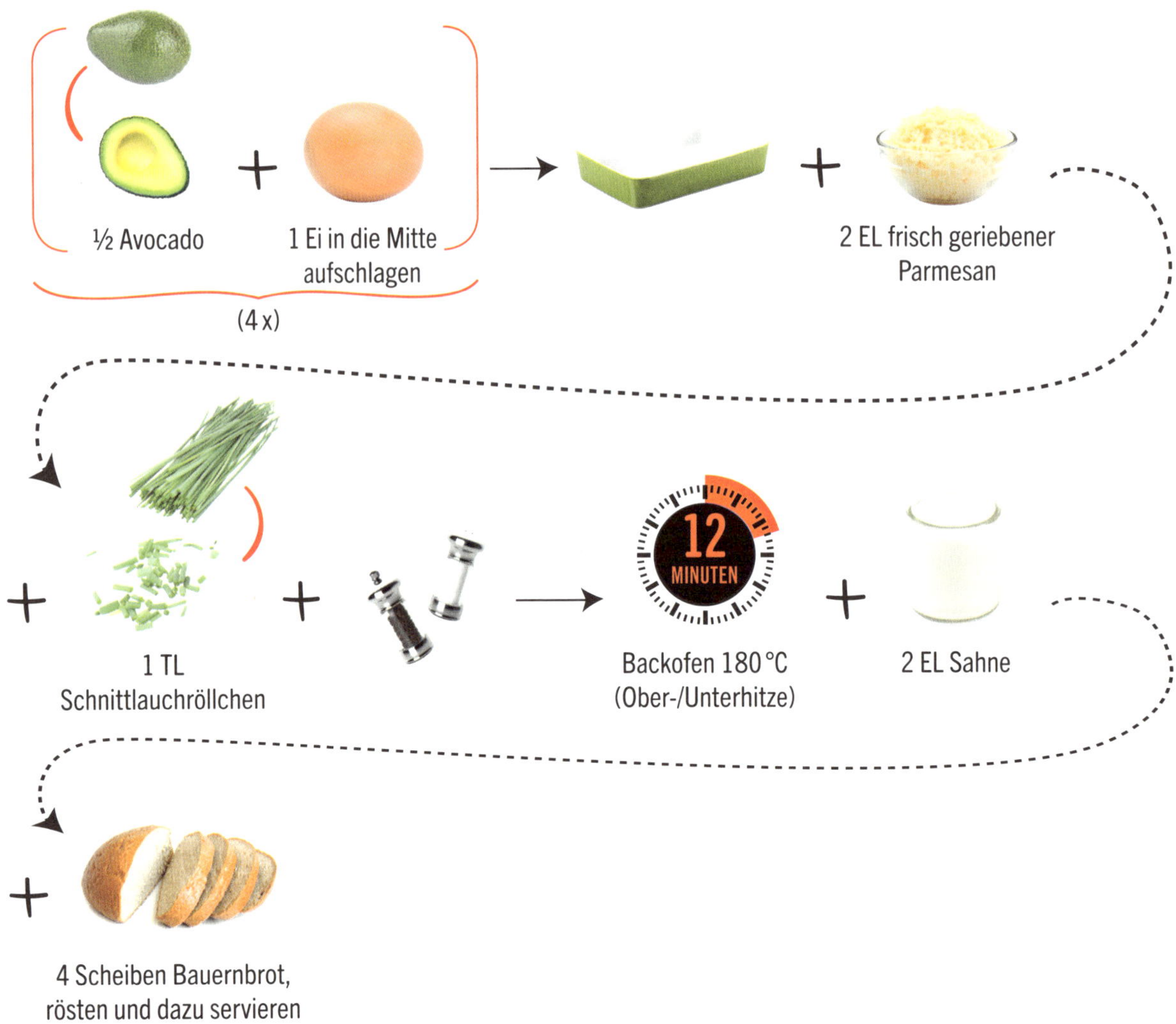

FÜR 4 PERSONEN
VORBEREITEN: 5 MINUTEN
GAREN: 12 MINUTEN

07 EIER IM TÖPFCHEN

mit Paprika und Schnittlauch

FÜR 4 PERSONEN

VORBEREITEN: 10 MINUTEN

GAREN: 15 MINUTEN

08 GEFÜLLTE EIER

mit Thunfisch

4 Eier

→

kochendes Wasser, mittlere Hitze

→

in kaltem Wasser abschrecken

→

pellen und halbieren

Eigelbe herausnehmen

185 g im eigenen Saft eingelegter Thunfisch (Dose)

→

zerkleinern

\+

150 g Frischkäse

\+

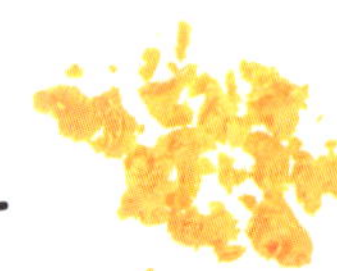

Eigelbe

\+

1 TL scharfer Senf

\+

1 Prise Knoblauchpulver

→

Mixer

→

in die Mulden der Eier füllen

\+

einige Schnittlauchröllchen

FÜR 4 PERSONEN
VORBEREITEN: 15 MINUTEN
GAREN: 10 MINUTEN

09 KNACKIGER SALAT
mit Thunfisch

FÜR 4 PERSONEN

VORBEREITEN: 10 MINUTEN

10

TOMATENSALAT
auf italienische Art

FÜR 6 PERSONEN

VORBEREITEN: 15 MINUTEN

KÜHLEN: 1 STUNDE

11 KAROTTENSUPPE

mit Rübchen und Orange

FÜR 4 PERSONEN
VORBEREITEN: 10 MINUTEN
GAREN: 36 MINUTEN

12 MAISCREMESUPPE
mit Crème fraîche

FÜR 4 PERSONEN

VORBEREITEN: 5 MINUTEN

GAREN: 10 MINUTEN

13 LÄNDLICHE *Gemüsesuppe*

FÜR 4 PERSONEN

VORBEREITEN: 20 MINUTEN

GAREN: 55 MINUTEN

14 ZUCCHININUDELN

Carbonara

FÜR 4 PERSONEN
VORBEREITEN: 15 MINUTEN
GAREN: 6 MINUTEN

15 SCHWEINEFILET

karamellisiert

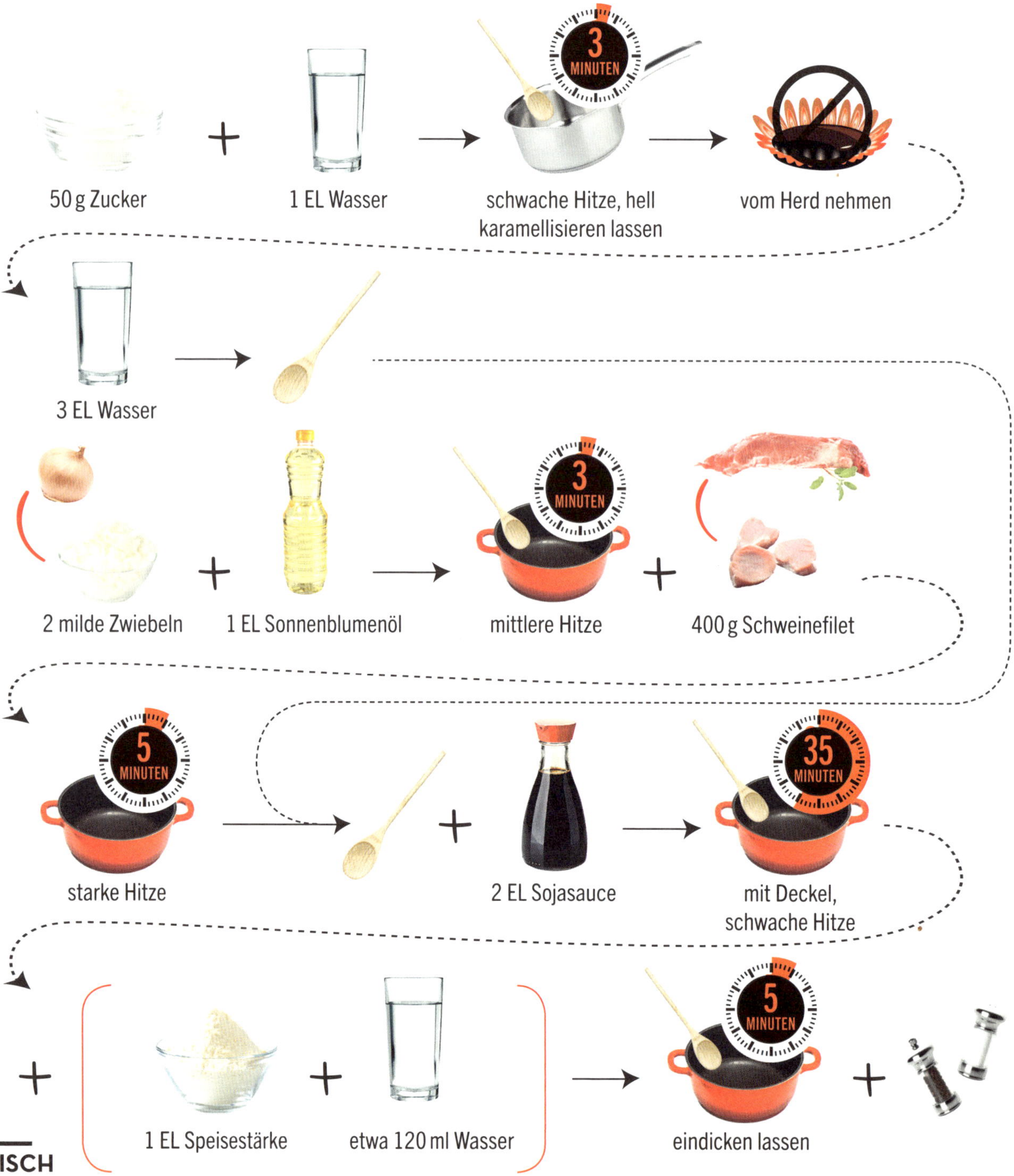

FÜR 4 PERSONEN
VORBEREITEN: 15 MINUTEN
GAREN: 50 MINUTEN

16

FILET MIGNON

mit Senf und Tomaten

FÜR 4 PERSONEN

VORBEREITEN: 15 MINUTEN

GAREN: 18 MINUTEN

17

AUBERGINEN-CANNELLONI

gefüllt mit Rinderhack

FÜR 4 PERSONEN
VORBEREITEN: 25 MINUTEN
GAREN: 33 MINUTEN

18 GEFÜLLTE *Paprikaschoten*

FÜR 4 PERSONEN

VORBEREITEN: 15 MINUTEN

KÜHLEN: 10 MINUTEN

GAREN: 30 MINUTEN

19 FLEISCHBÄLLCHEN

mit Koriandergrün

500 g Rinderhackfleisch + 1 Zwiebel + 2 EL gehacktes Koriandergrün +

Bällchen formen + 2 TL Olivenöl → starke Hitze, rundherum anbraten + 500 g Passata

mit Deckel, sehr schwache Hitze

FÜR 4 PERSONEN

VORBEREITEN: 10 MINUTEN

GAREN: 30 MINUTEN

20 HÄHNCHENNUGGETS

in knuspriger Hülle

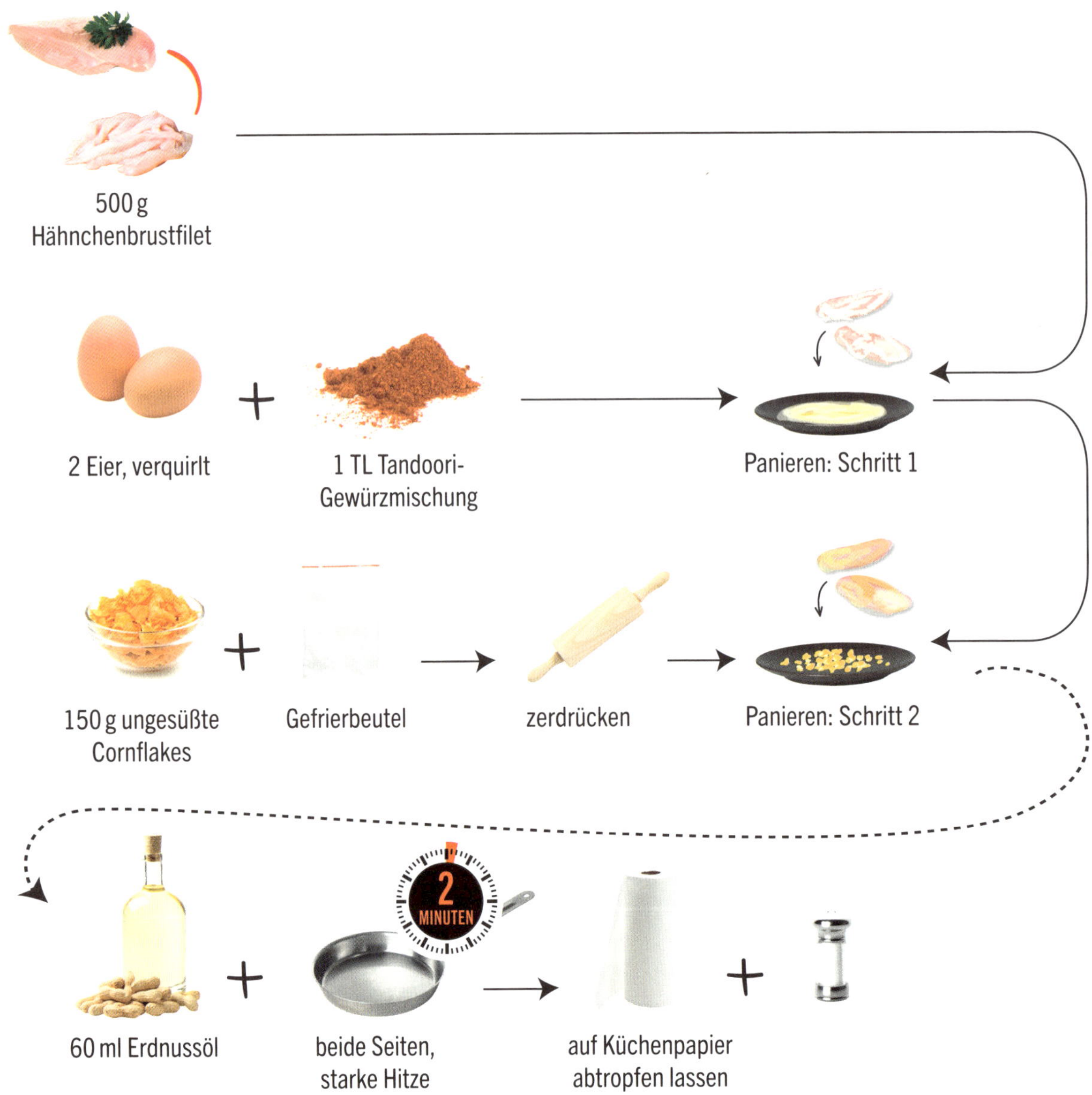

FÜR 4 PERSONEN
VORBEREITEN: 20 MINUTEN
GAREN: 2 MINUTEN

21 HÄHNCHEN

mit Oliven

FÜR 4 PERSONEN

VORBEREITEN: 15 MINUTEN

GAREN: 46 MINUTEN

22 HÄHNCHENTOPF

mit Reis, Ananas und Estragon

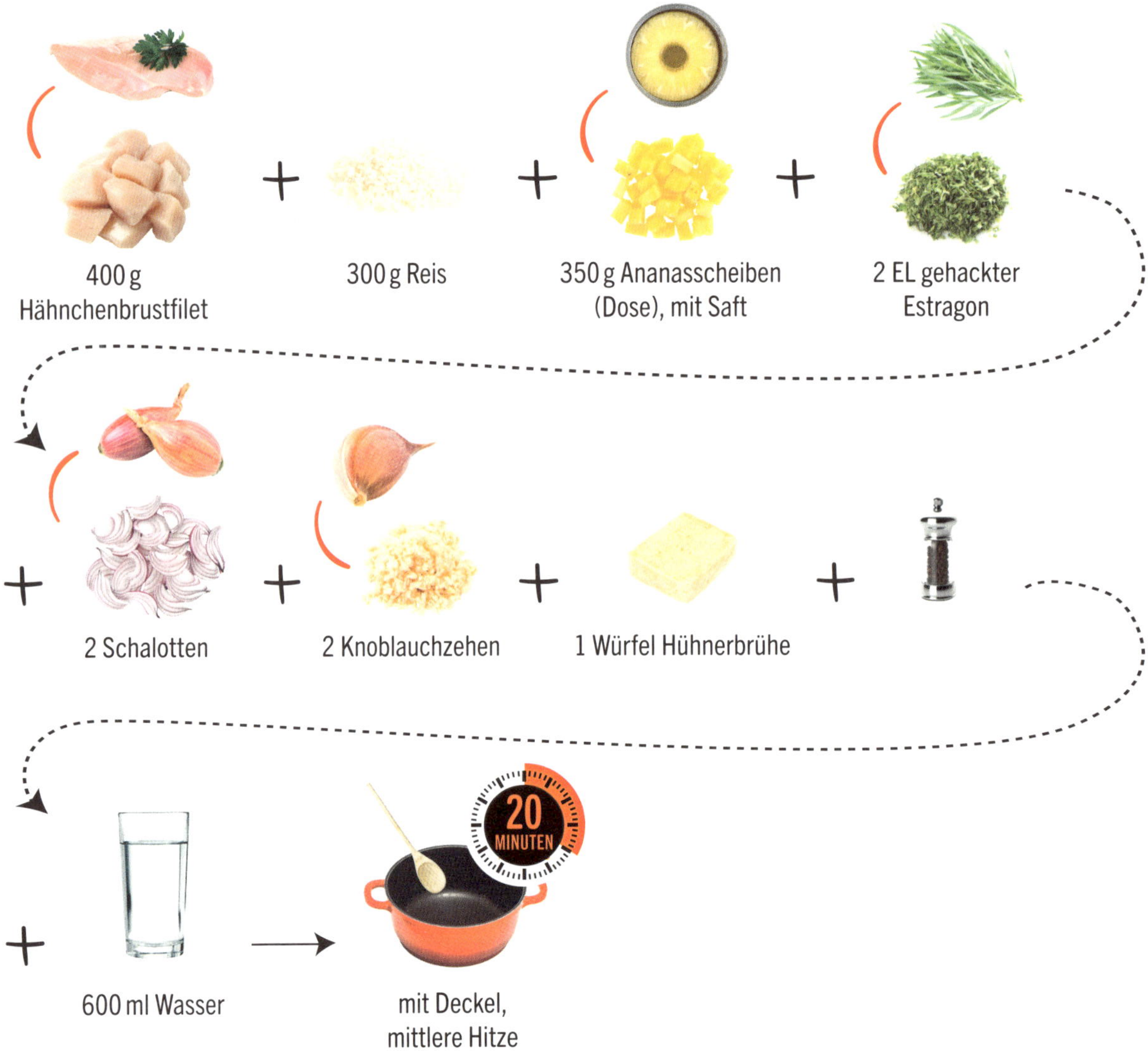

FÜR 4 PERSONEN

VORBEREITEN: 10 MINUTEN

GAREN: 20 MINUTEN

23 HÄHNCHENPÄCKCHEN

alla caprese

FÜR 4 PERSONEN

VORBEREITEN: 15 MINUTEN

GAREN: 20 MINUTEN

24 PUTENFRIKADELLEN

mit Frühlingszwiebeln und Minze

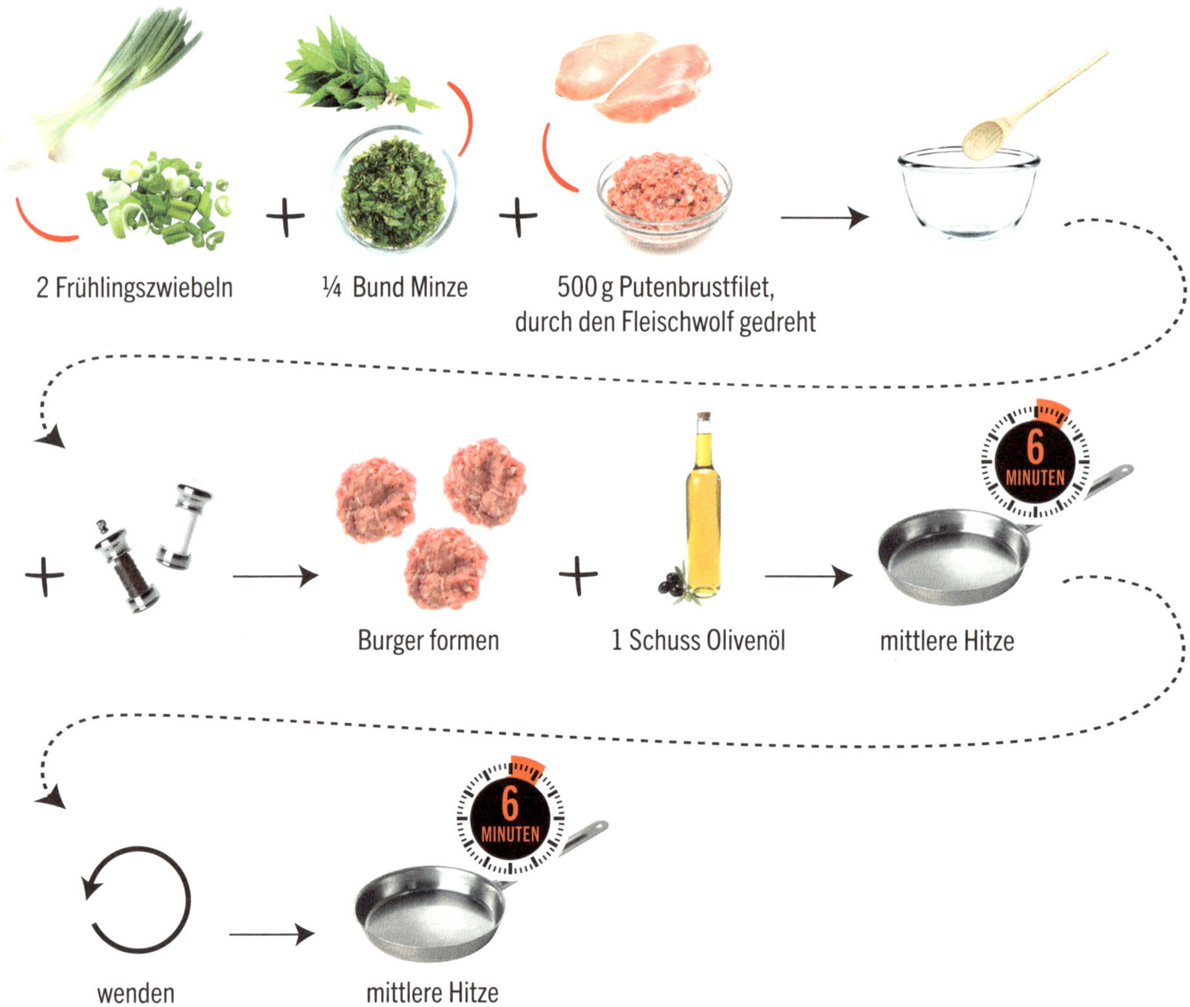

FÜR 4 PERSONEN
VORBEREITEN: 10 MINUTEN
GAREN: 12 MINUTEN

25 PUTENSCHMORTOPF

mit Karotten und Tomaten

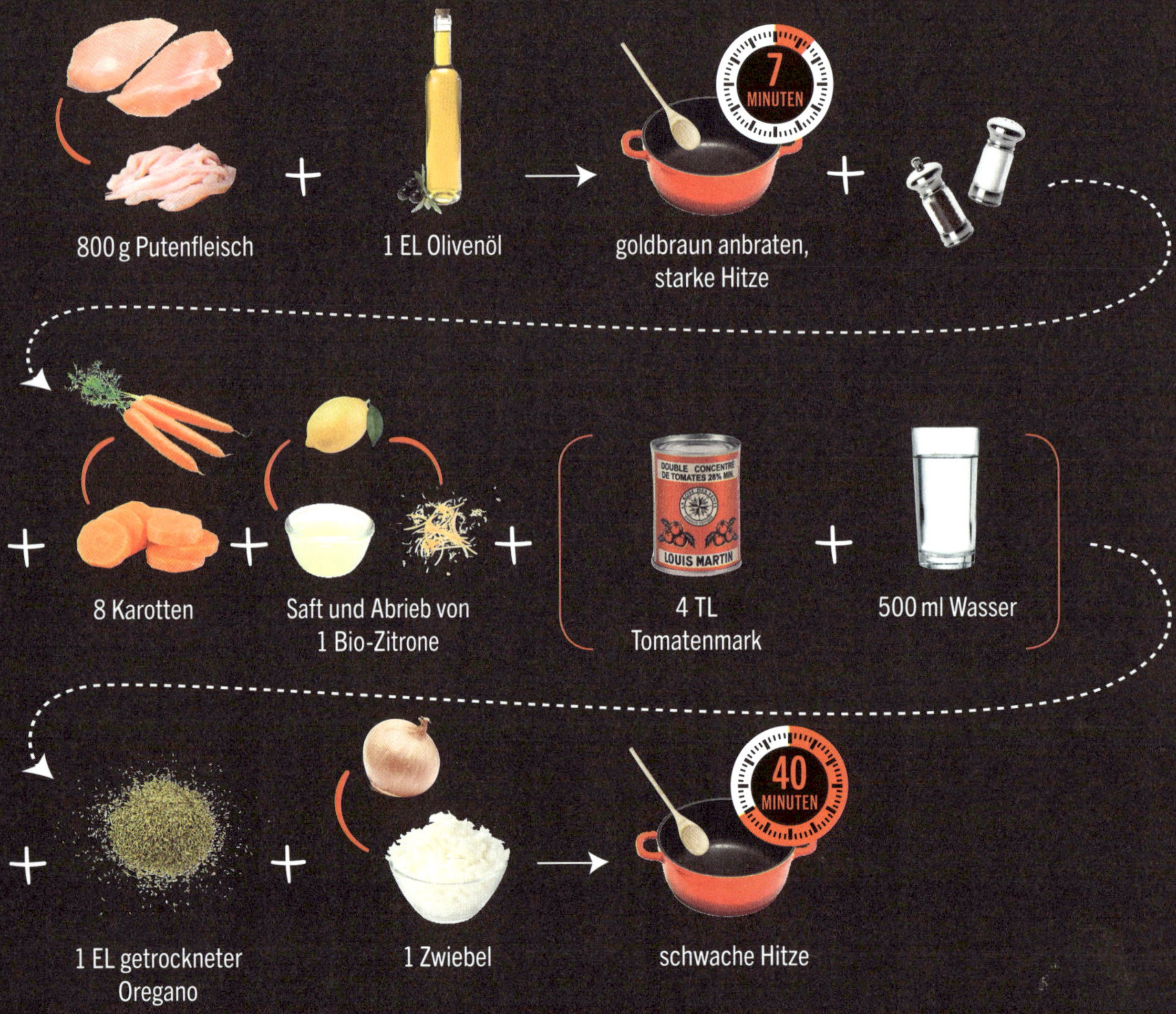

FÜR 4 PERSONEN

VORBEREITEN: 15 MINUTEN

GAREN: 47 MINUTEN

26 PUTENGESCHNETZELTES

mit Ingwer und Zwiebeln

FÜR 4 PERSONEN
VORBEREITEN: 15 MINUTEN
GAREN: 51 MINUTEN

27 PUTENOBERKEULE
mit Fenchel

2 Putenoberkeulen

+

2 EL Olivenöl

→

goldbraun anbraten, starke Hitze

+ 4 Knollen Fenchel

+

100 ml Weißwein

+

1 TL getrockneter Thymian

+

→

mit Deckel, mittlere Hitze

FÜR 4 PERSONEN
VORBEREITEN: 15 MINUTEN
GAREN: 35 MINUTEN

28 LINSENTOPF

mit Pökelfleisch

FÜR 4 PERSONEN

VORBEREITEN: 15 MINUTEN

GAREN: 63 MINUTEN

29 CASSOULET

ganz fix

FÜR 4 PERSONEN
VORBEREITEN: 10 MINUTEN
GAREN: 10 MINUTEN

30 KABELJAU
auf Lauch-Sahne-Bett

FÜR 4 PERSONEN
VORBEREITEN: 15 MINUTEN
GAREN: 30 MINUTEN

31

KABELJAUPÄCKCHEN

mit Cashewpesto

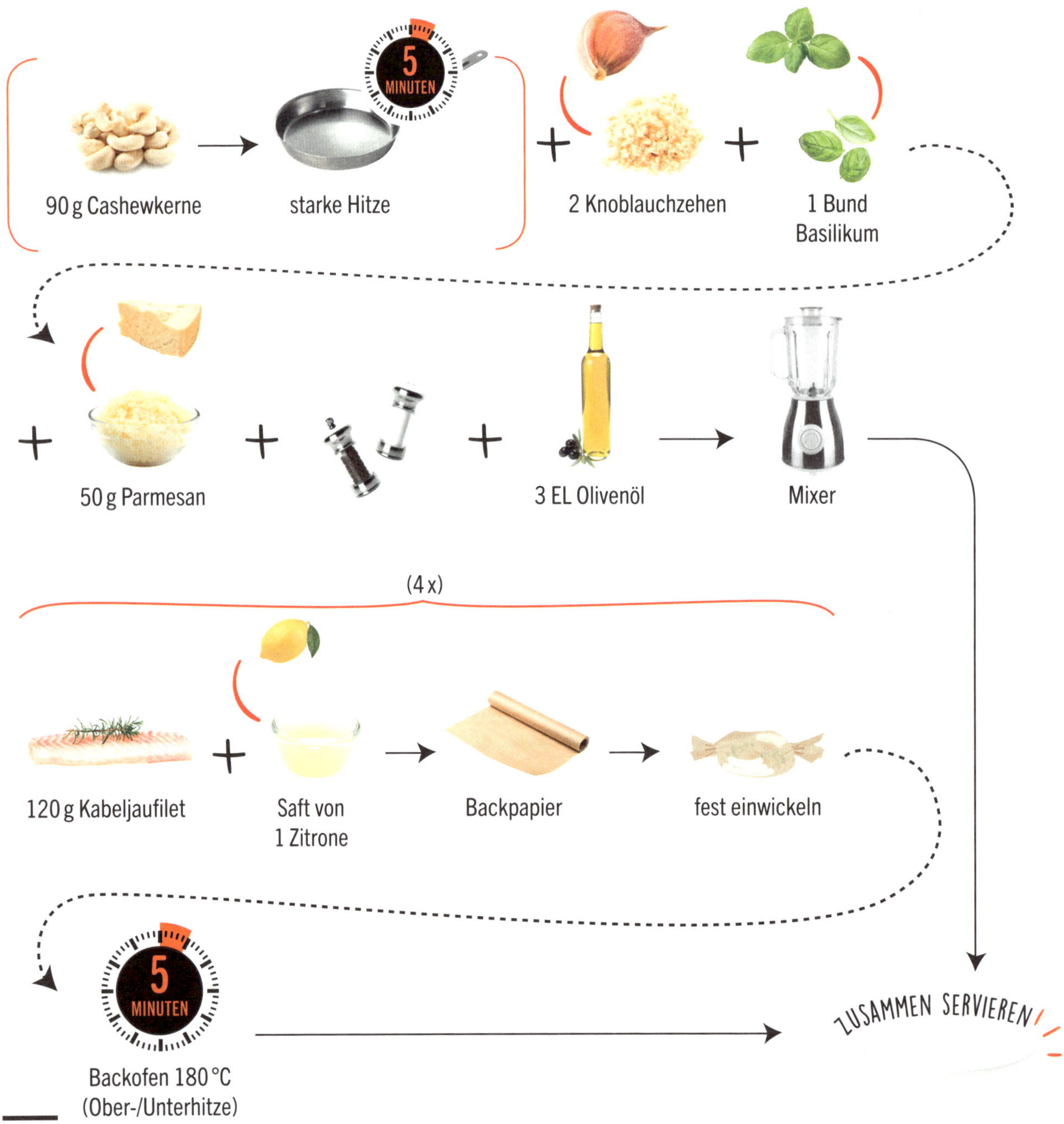

FÜR 4 PERSONEN
VORBEREITEN: 15 MINUTEN
GAREN: 10 MINUTEN

32 KABELJAU-BRANDADE
mit Polenta

FÜR 4 PERSONEN
VORBEREITEN: 15 MINUTEN
RUHEN: 5 MINUTEN
GAREN: 35 MINUTEN

33

FISCHCURRY

mit Gemüse und Reis

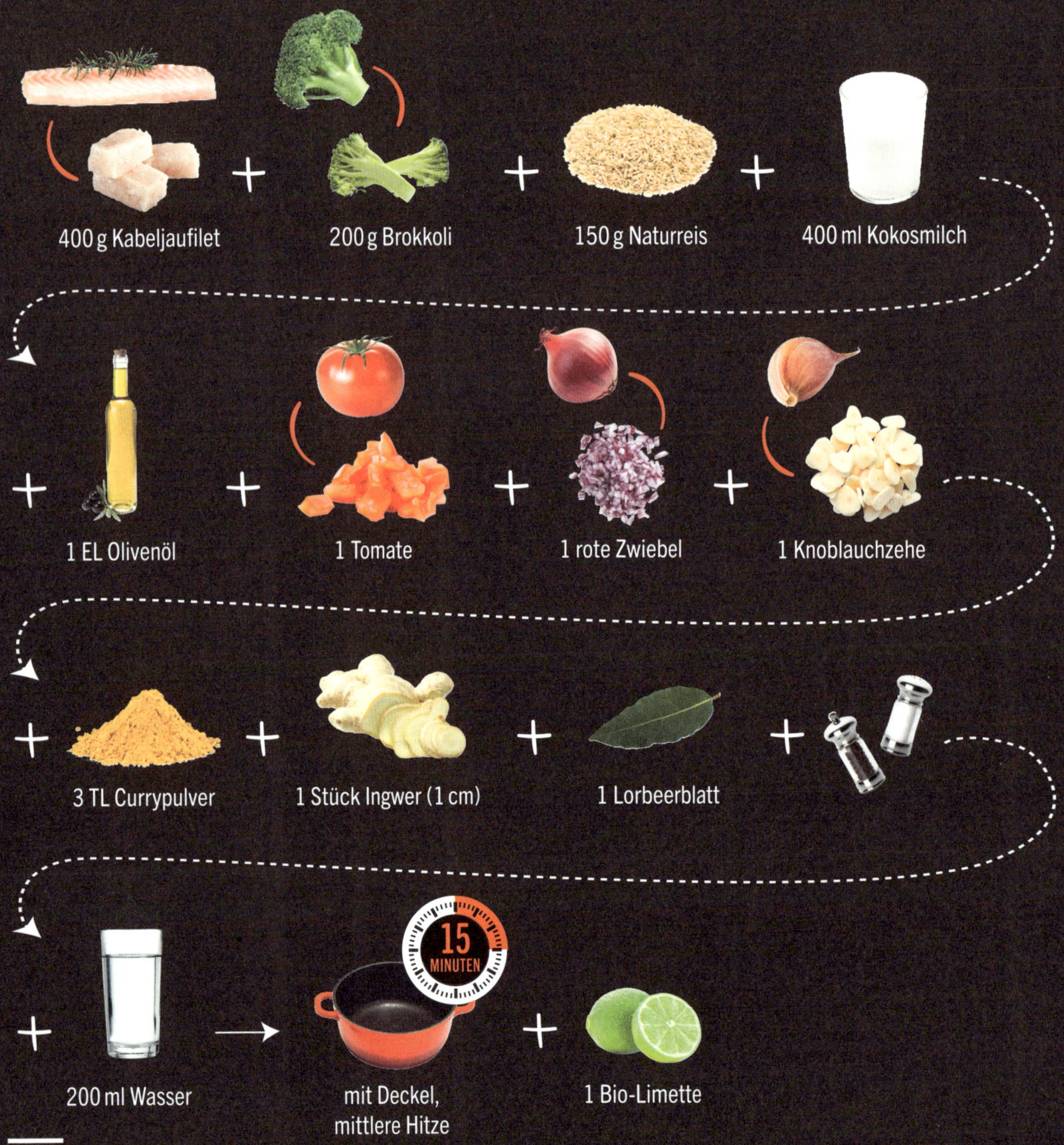

FÜR 4 PERSONEN

VORBEREITEN: 20 MINUTEN

GAREN: 15 MINUTEN

34 BUNTER LACHSTOPF

mit Sahne

FÜR 4 PERSONEN
VORBEREITEN: 15 MINUTEN
GAREN: 30 MINUTEN

35 OFENLACHS
mit Kräuterkruste

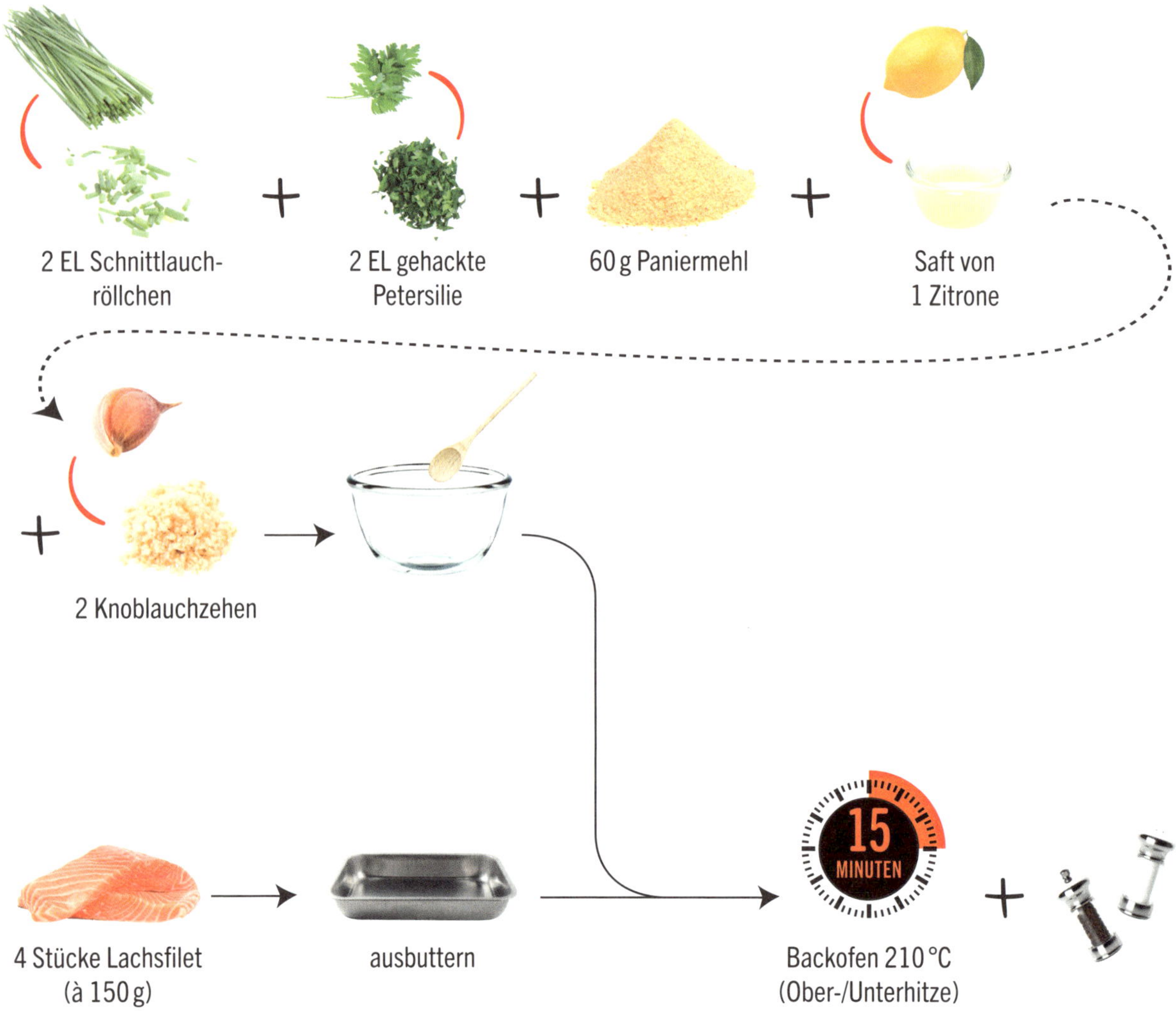

FÜR 4 PERSONEN
VORBEREITEN: 15 MINUTEN
GAREN: 15 MINUTEN

36 SEEHECHTFILET
mit Karotten und Zitrone

FÜR 4 PERSONEN

VORBEREITEN: 15 MINUTEN

GAREN: 35 MINUTEN

37 KNUSPERTASCHEN
mit Fischfüllung

(4 x)

1 Brikteigblatt

+

1 Fischfilet
mit weißem Fleisch

+

1 EL Senf

+

einige Blätter Rucola

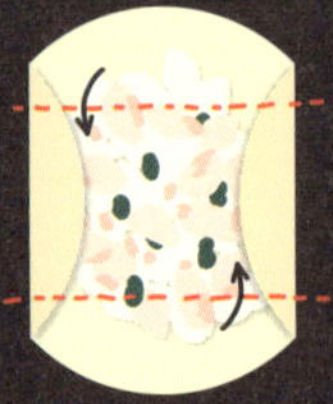

einwickeln

→

Backpapier

+

→

Backofen 180 °C
(Ober-/Unterhitze)

+

FÜR 4 PERSONEN

VORBEREITEN: 15 MINUTEN

GAREN: 20 MINUTEN

38 ROTBARBEN

mit Limette und Ingwer

Backpapier

→

4 große Rotbarben, alternativ Makrelen

\+ 1 Stück Ingwer (1 cm), zwischen Bauchlappen

→

je 1 Bio-Limettenscheibe zwischen Bauchlappen

\+

\+ 1 Stück Ingwer (1 cm), bestreuen

\+ mit Bio-Limetten-scheiben belegen

\+ 1 Schuss Olivenöl

→

Backofen 200 °C (Ober-/Unterhitze)

\+ ½ Bund Koriandergrün

FÜR 4 PERSONEN
VORBEREITEN: 15 MINUTEN
GAREN: 15 MINUTEN

39 GEFÜLLTE SARDINEN
mit Basilikum

2 EL Pinienkerne →

starke Hitze →

vom Herd nehmen

\+ 

4 EL gehacktes Basilikum

\+ 

4 EL gehackte Petersilie

\+ 

2 EL Zitronensaft, plus Zesten von 1 Bio-Zitrone

\+ 

1 EL Olivenöl →

8 Sardinen, küchenfertig, Bauchöffnung füllen →

mit Zahnstochern verschließen

Backofengrill

FÜR 4 PERSONEN

VORBEREITEN: 15 MINUTEN

GAREN: 8 MINUTEN

40 NUDELTOPF
mit Thunfisch

150 g im eigenen Saft eingelegter Thunfisch (Dose)

\+

1 Zwiebel

\+

250 g Tagliatelle

\+

150 g Passata

\+

400 ml Wasser

→

schwache Hitze

\+

\+

1 Handvoll Basilikumblätter

FÜR 4 PERSONEN
VORBEREITEN: 10 MINUTEN
GAREN: 15 MINUTEN

41 LINSENSALAT

mit geräuchertem Dorsch

350 g Puy-Linsen

→

mit Wasser bedecken, mittlere Hitze

→

abspülen

→

+

2 Schalotten

+

1 Schuss Olivenöl

+

2 EL Apfelessig

+

→

auf 4 Teller verteilen

+

250 g geräucherter Dorsch, auf Teller verteilen

FÜR 4 PERSONEN

VORBEREITEN: 15 MINUTEN

GAREN: 25 MINUTEN

42 MIESMUSCHELN
mit Kokosmilch und Limette

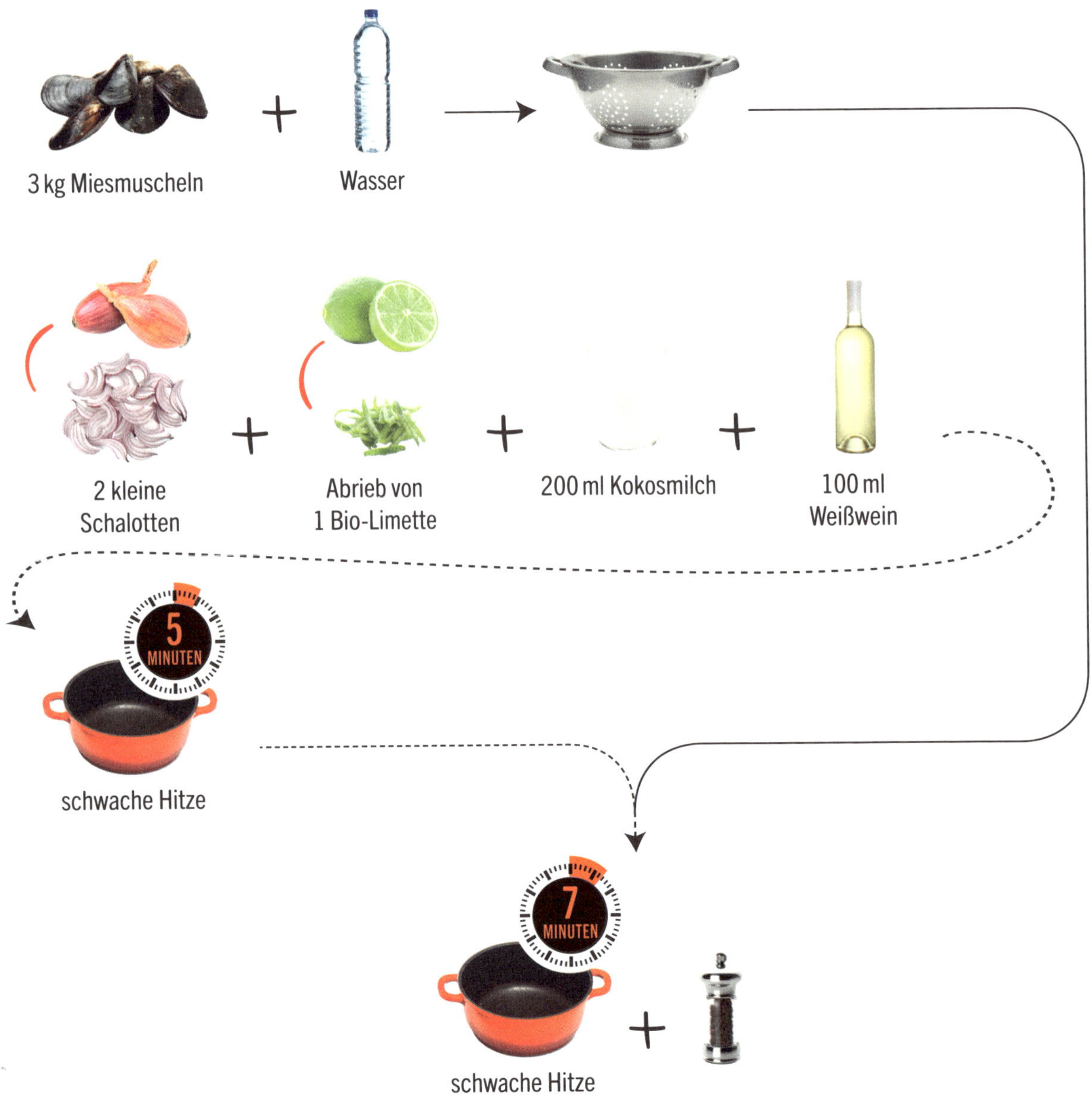

FÜR 4 PERSONEN

VORBEREITEN: 15 MINUTEN

GAREN: 12 MINUTEN

43 GEMÜSE AUS DEM WOK

im Handumdrehen

FÜR 4 PERSONEN
VORBEREITEN: 20 MINUTEN
GAREN: 10 MINUTEN

44 KÜRBISPASTETE

mit Zwiebeln und Salbei

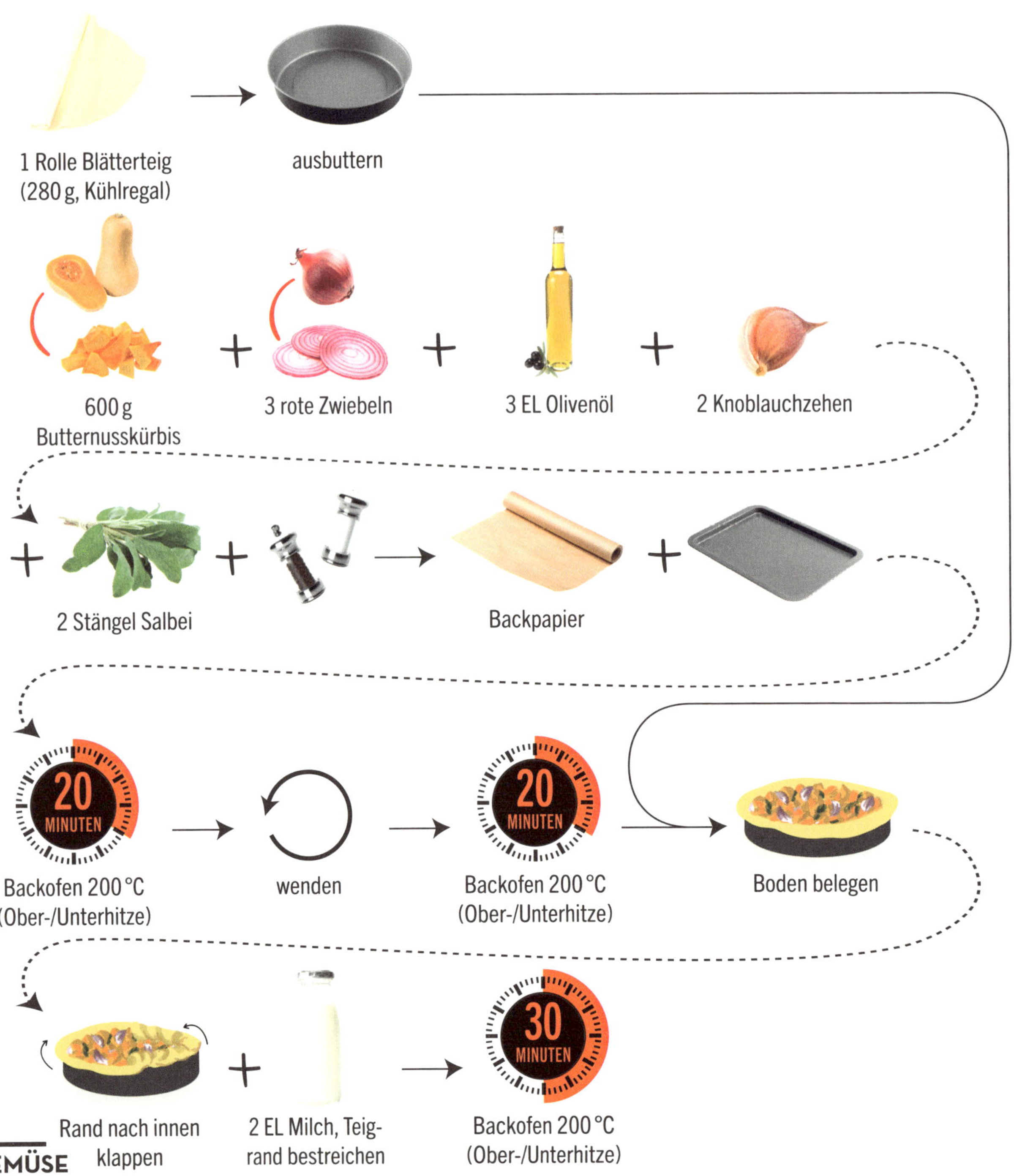

FÜR 4 PERSONEN
VORBEREITEN: 15 MINUTEN
GAREN: 70 MINUTEN

45 BROKKOLITARTE
mit Ziegenfrischkäse

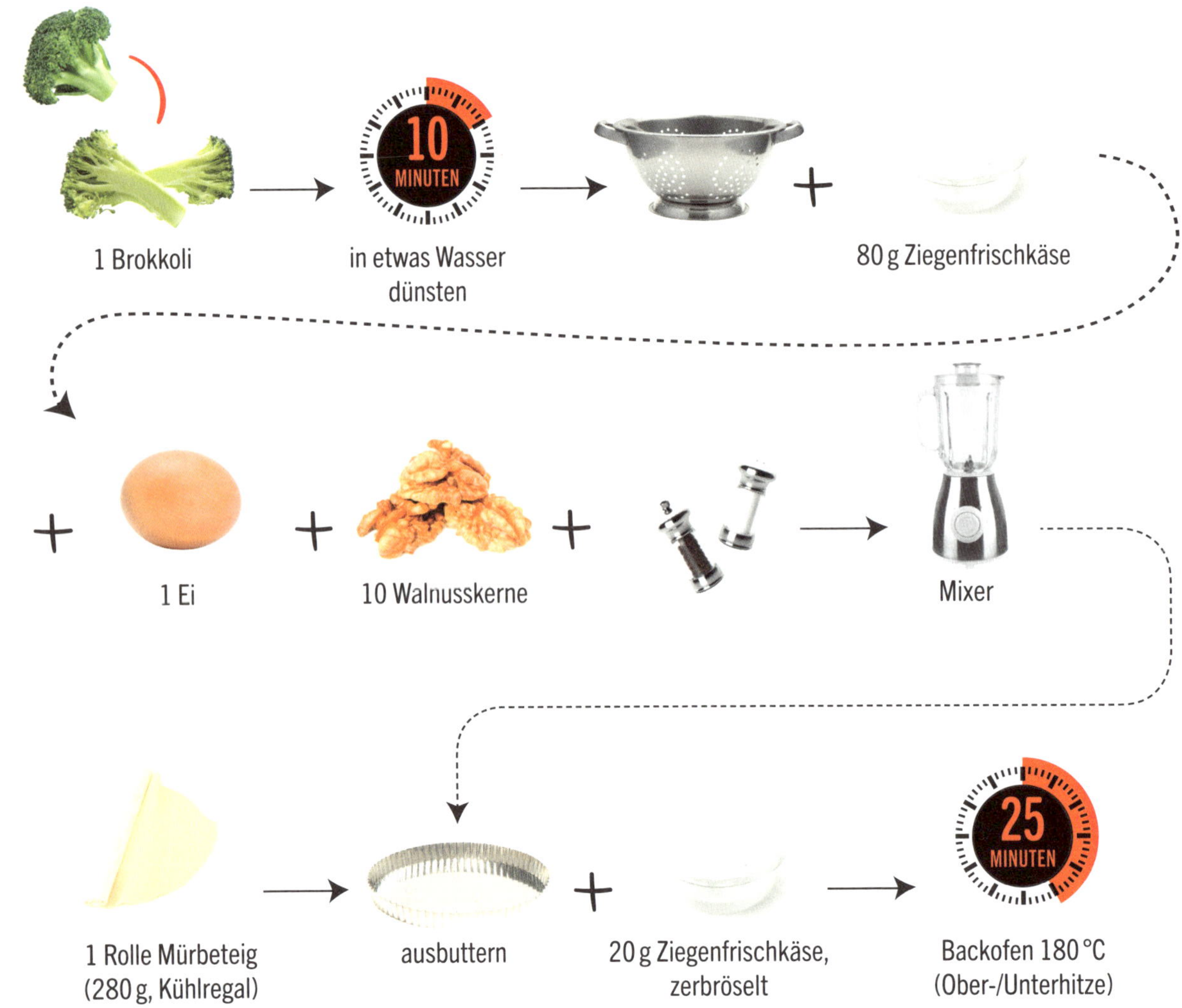

FÜR 4 PERSONEN

VORBEREITEN: 15 MINUTEN

GAREN: 35 MINUTEN

46 TOMATENTARTE
mit Rosmarin

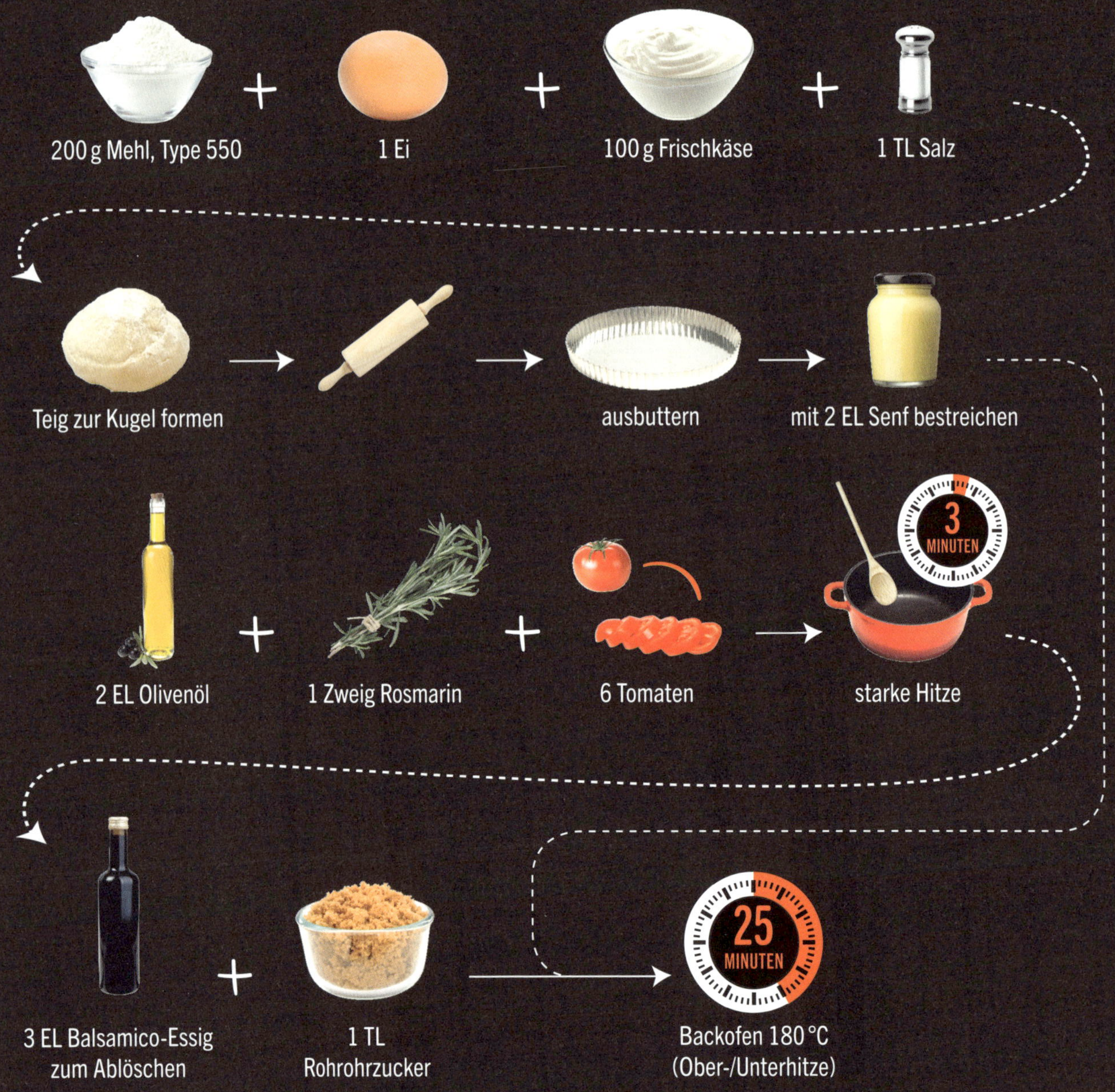

FÜR 4 PERSONEN
VORBEREITEN: 15 MINUTEN
GAREN: 28 MINUTEN

47 PIZZA
mit Sommergemüse

FÜR 4 PERSONEN

VORBEREITEN: 20 MINUTEN

GAREN: 20 MINUTEN

48 SÜSSKARTOFFELPÜREE

mit Käse und Zitrone

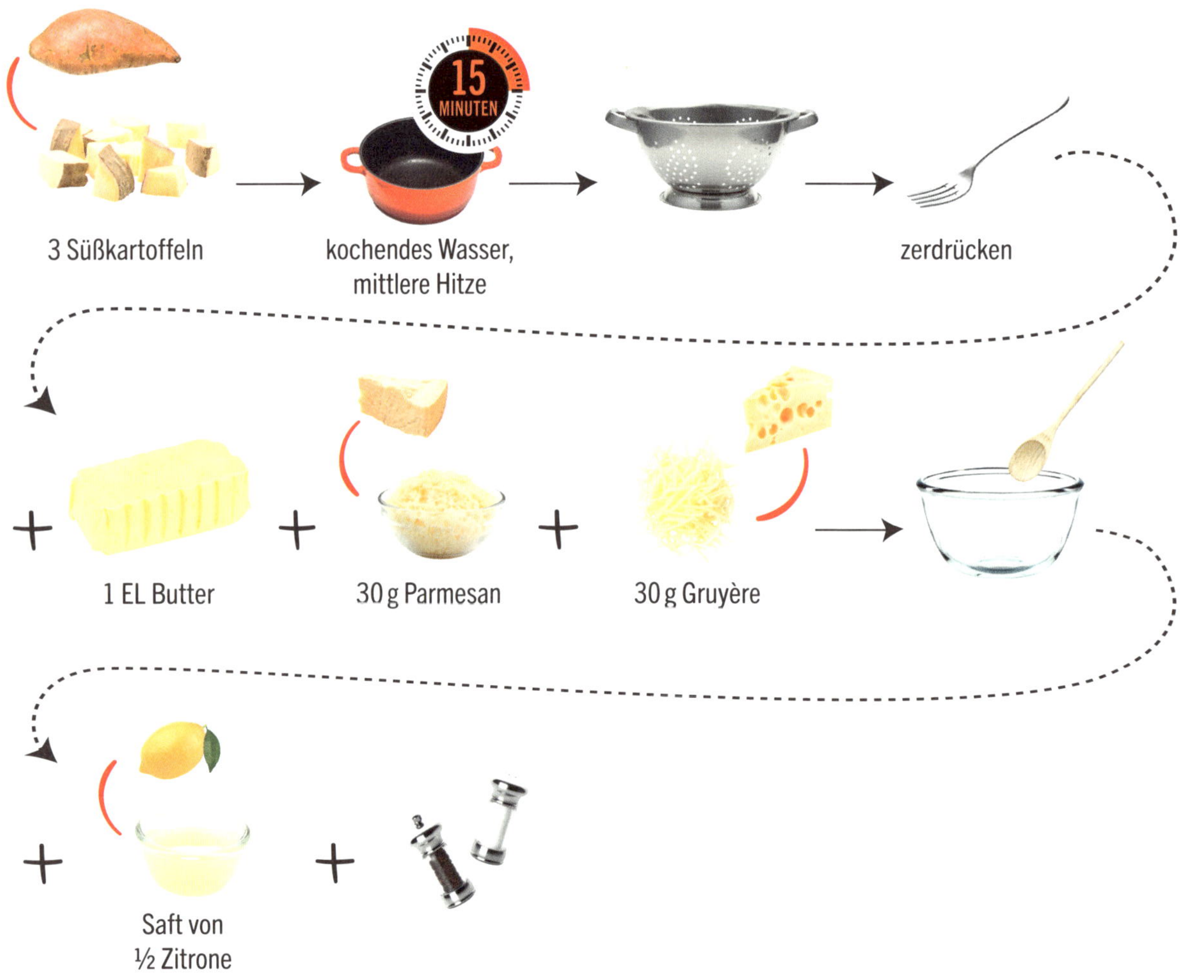

FÜR 4 PERSONEN
VORBEREITEN: 10 MINUTEN
GAREN: 15 MINUTEN

49 GEFÜLLTE KARTOFFELN

mit Ziegenkäse und Schnittlauch

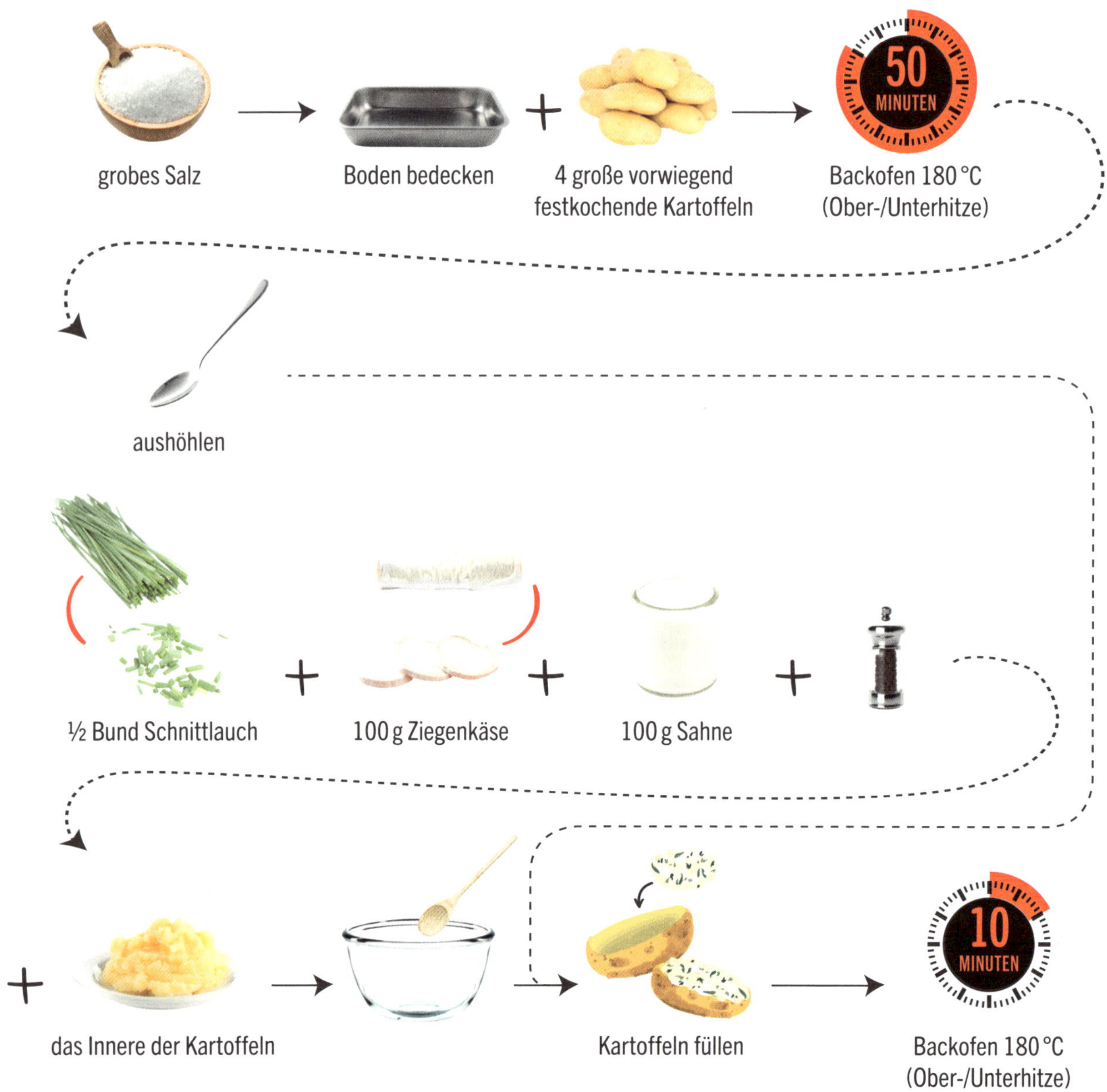

FÜR 4 PERSONEN

VORBEREITEN: 20 MINUTEN

GAREN: 60 MINUTEN

50 MANGOLDGRATIN

mit Molkenkäse

FÜR 4 PERSONEN
VORBEREITEN: 15 MINUTEN
GAREN: 23 MINUTEN

51 KICHERERBSENBÄLLCHEN

mit Zucchini

FÜR 4 PERSONEN

VORBEREITEN: 15 MINUTEN

GAREN: 5 MINUTEN

52 CONCHIGLIONI

gefüllt mit Spinat und Ricotta

FÜR 8 PERSONEN
VORBEREITEN: 20 MINUTEN
GAREN: 31 MINUTEN

53 RISOTTO MIT ERBSEN,
Minze und Zitrone

1 Schalotte + 200 g Risottoreis + 3 EL Olivenöl → mittlere Hitze (2 MINUTEN)

+ Saft von 1 Zitrone → mittlere Hitze (2 MINUTEN) + 200 g junge Erbsen + 1 l Gemüsebrühe

Brühe kellenweise einrühren und aufsaugen lassen (20 MINUTEN) → vom Herd nehmen + 50 g Parmesan + 1 Kelle Brühe

mit Deckel quellen lassen (5 MINUTEN) + einige Blätter Minze, gehackt + Zesten von 1 Bio-Zitrone

FÜR 4 PERSONEN
VORBEREITEN: 10 MINUTEN
GAREN: 29 MINUTEN

54 LINSEN-SHAKSHUKA

mit Süßkartoffeln und Ei

400 g Süßkartoffeln + 125 g rote Linsen + 250 g kleine Champignons + 4 Tomaten

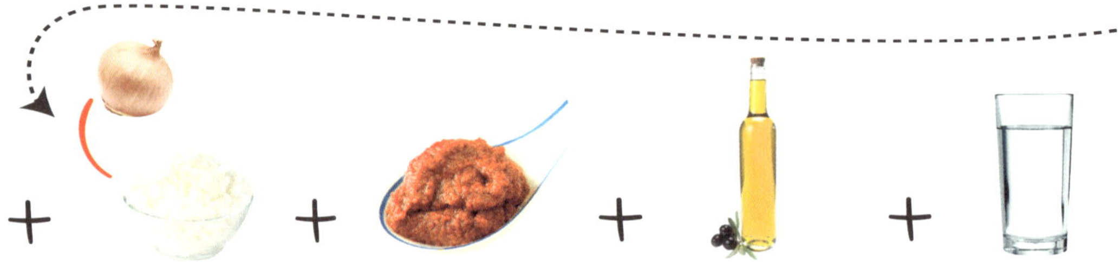

+ 1 Zwiebel + 1 EL rote Currypaste + 1 EL Olivenöl + 400 ml Wasser

mit Deckel, mittlere Hitze + 4 Eier in Mulden aufschlagen → mit Deckel, mittlere Hitze + einige Stängel Koriandergrün +

FÜR 4 PERSONEN

VORBEREITEN: 10 MINUTEN

GAREN: 20 MINUTEN

55 GEFÜLLTE TOMATEN

mit Weizen und Oliven

FÜR 4 PERSONEN

VORBEREITEN: 20 MINUTEN

GAREN: 55 MINUTEN

56 SCHOKOCOOKIES
mit Birne

70 g Butter + 60 g Rohrohrzucker + 1 Eiweiß →

+ 125 g Mehl, Type 405 + 2 EL dunkle Schokotröpfchen + ½ Birne →

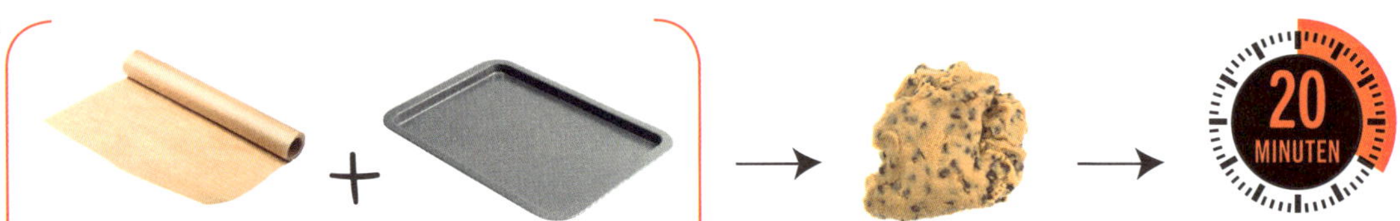

Backpapier + → Plätzchen formen (5 cm Durchmesser) → Backofen 180 °C (Ober-/Unterhitze)

FÜR 4 PERSONEN
VORBEREITEN: 20 MINUTEN
GAREN: 20 MINUTEN

57 MUFFINS
mit Heidelbeeren

FÜR 4 PERSONEN
VORBEREITEN: 15 MINUTEN
GAREN: 20 MINUTEN

58 KOKOSMILCHREIS
mit Limette

FÜR 6–8 GLÄSER

VORBEREITEN: 10 MINUTEN

GAREN: 20 MINUTEN

KÜHLEN: 3 STUNDEN

59 PANNA COTTA
mit Schokolade

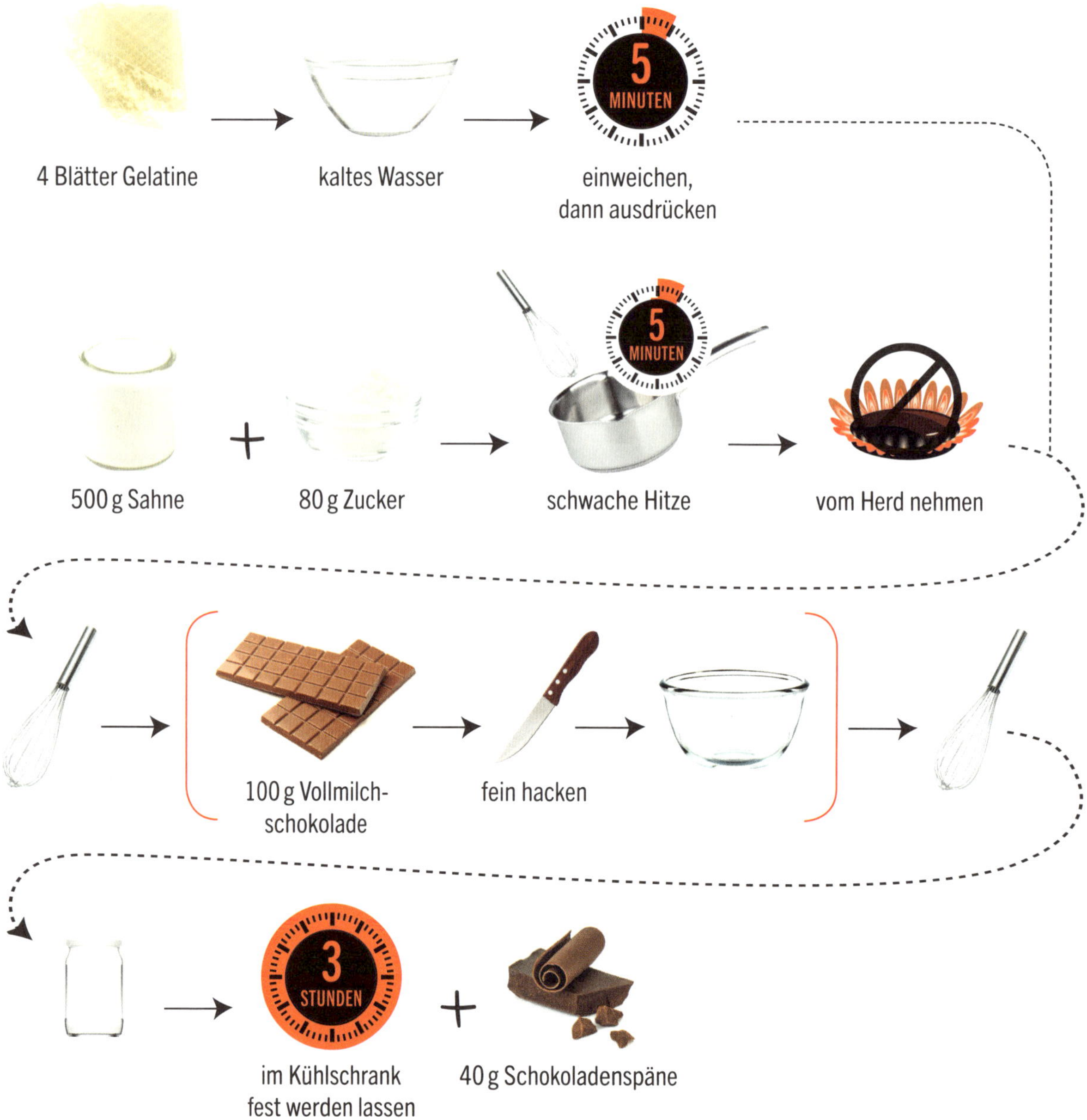

FÜR 4 PERSONEN

VORBEREITEN: 10 MINUTEN

GAREN: 10 MINUTEN

KÜHLEN: 3 STUNDEN

60 SCHOKOTÖPFCHEN

mit weichem Kern

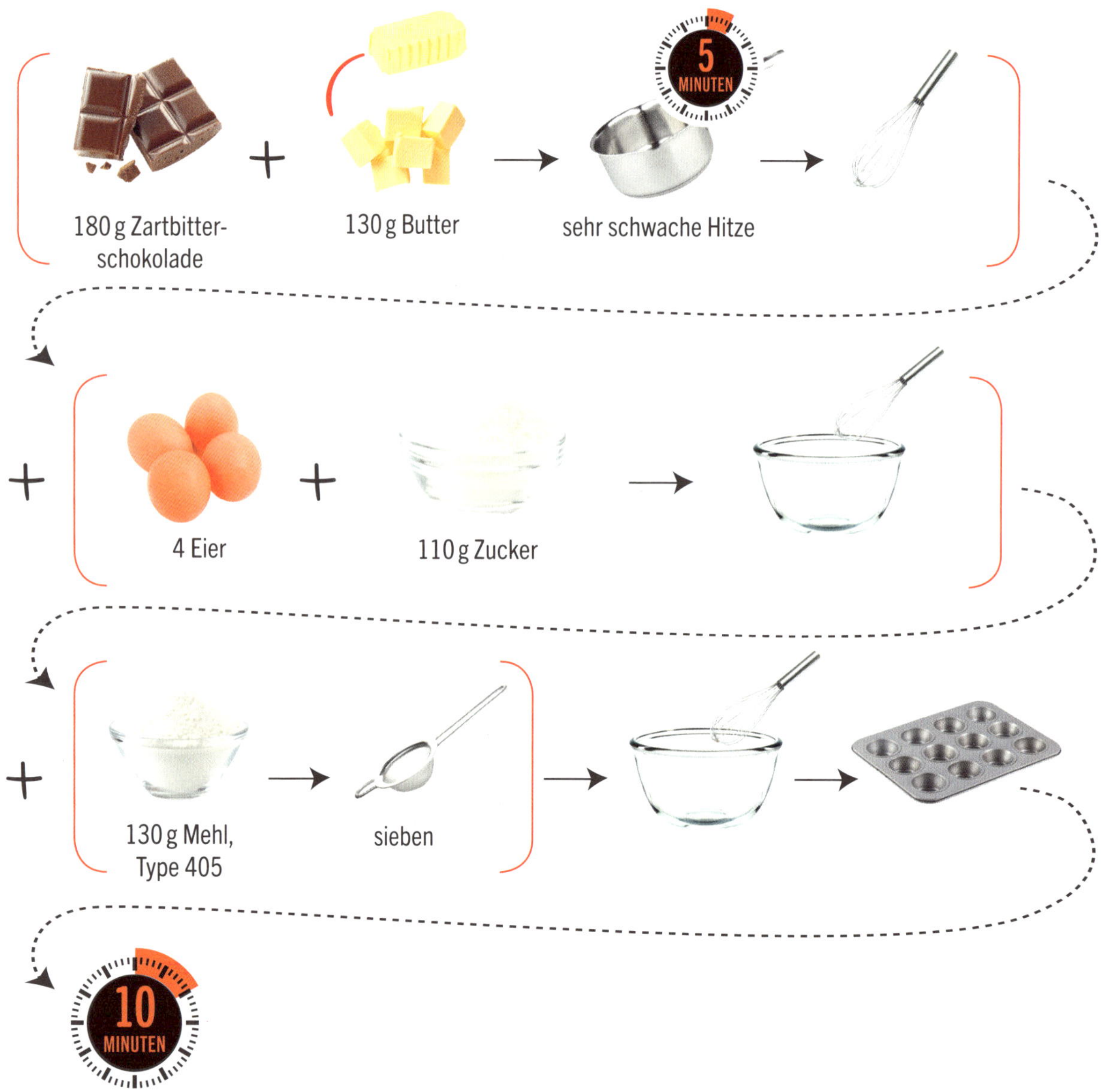

Backofen 180 °C
(Ober-/Unterhitze)

FÜR 4 PERSONEN

VORBEREITEN: 15 MINUTEN

GAREN: 15 MINUTEN

61 KLEINE KÜCHLEIN

mit Karamellüberraschung

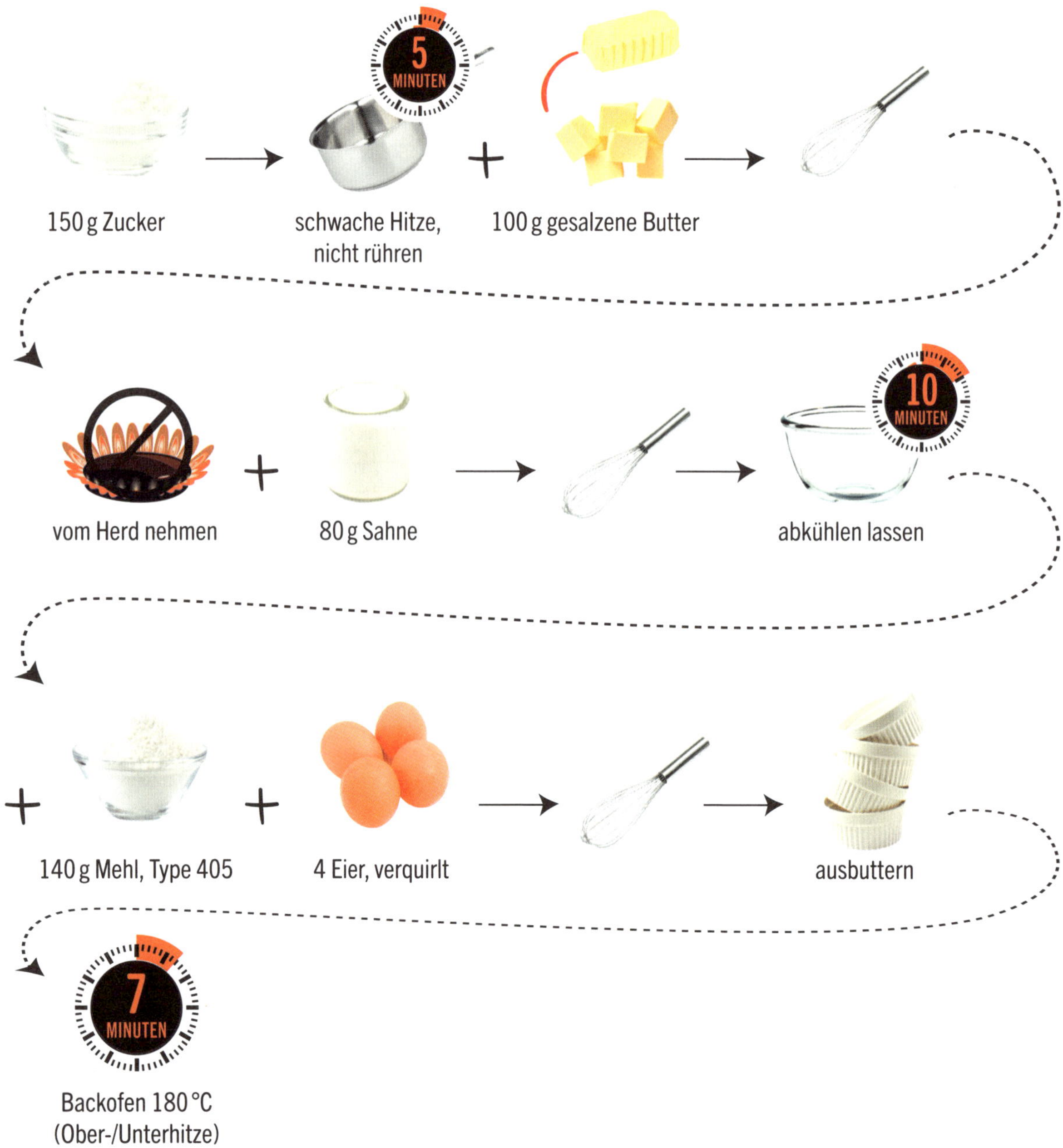

FÜR 4 PERSONEN
VORBEREITEN: 15 MINUTEN
GAREN: 12 MINUTEN
RUHEN: 10 MINUTEN

62 KÄSEKUCHEN
mit Vanille

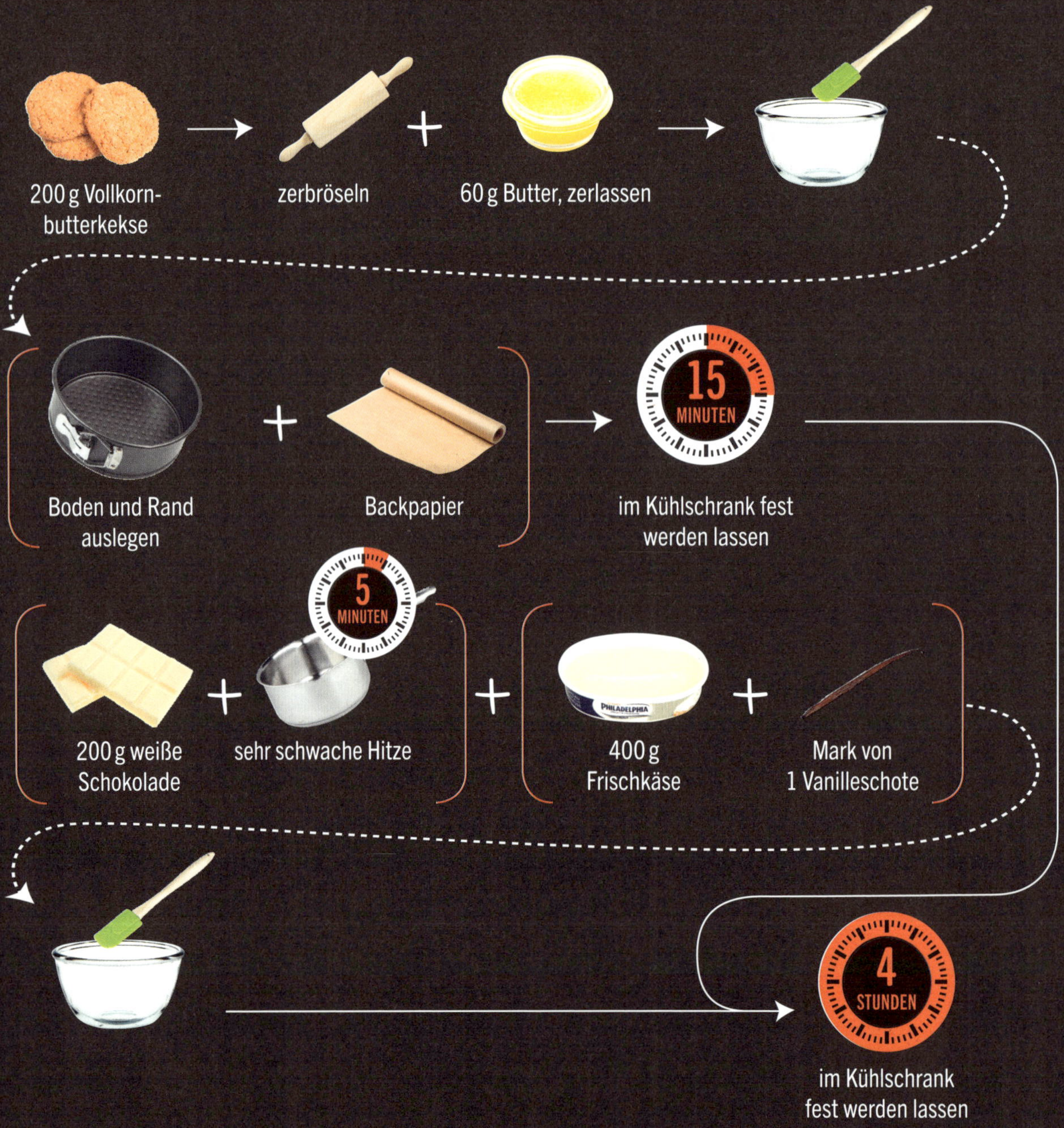

FÜR 8–10 PERSONEN

VORBEREITEN: 5 MINUTEN

KÜHLEN: 4 STUNDEN 15

GAREN: 5 MINUTEN

63 KÄSEKUCHEN
mit Zitrone

FÜR 6 PERSONEN

VORBEREITEN: 15 MINUTEN

GAREN: 30 MINUTEN

APFELCRUMBLE

mit Birne und Banane

100 g Rohrohrzucker

+

100 g Mehl, Type 405

+

100 g weiche gesalzene Butter

→

mit den Fingern vermengen

+

60 g gemahlene Mandeln

→

geschmeidiger Teig

3 Äpfel

+

2 Bananen

+

2 Birnen

→

ausbuttern,
Teig über die Früchte bröseln

Backofen 200 °C
(Ober-/Unterhitze)

FÜR 6–8 PERSONEN

VORBEREITEN: 15 MINUTEN

GAREN: 25 MINUTEN

65 BRATÄPFEL

mit Pistazienkernen

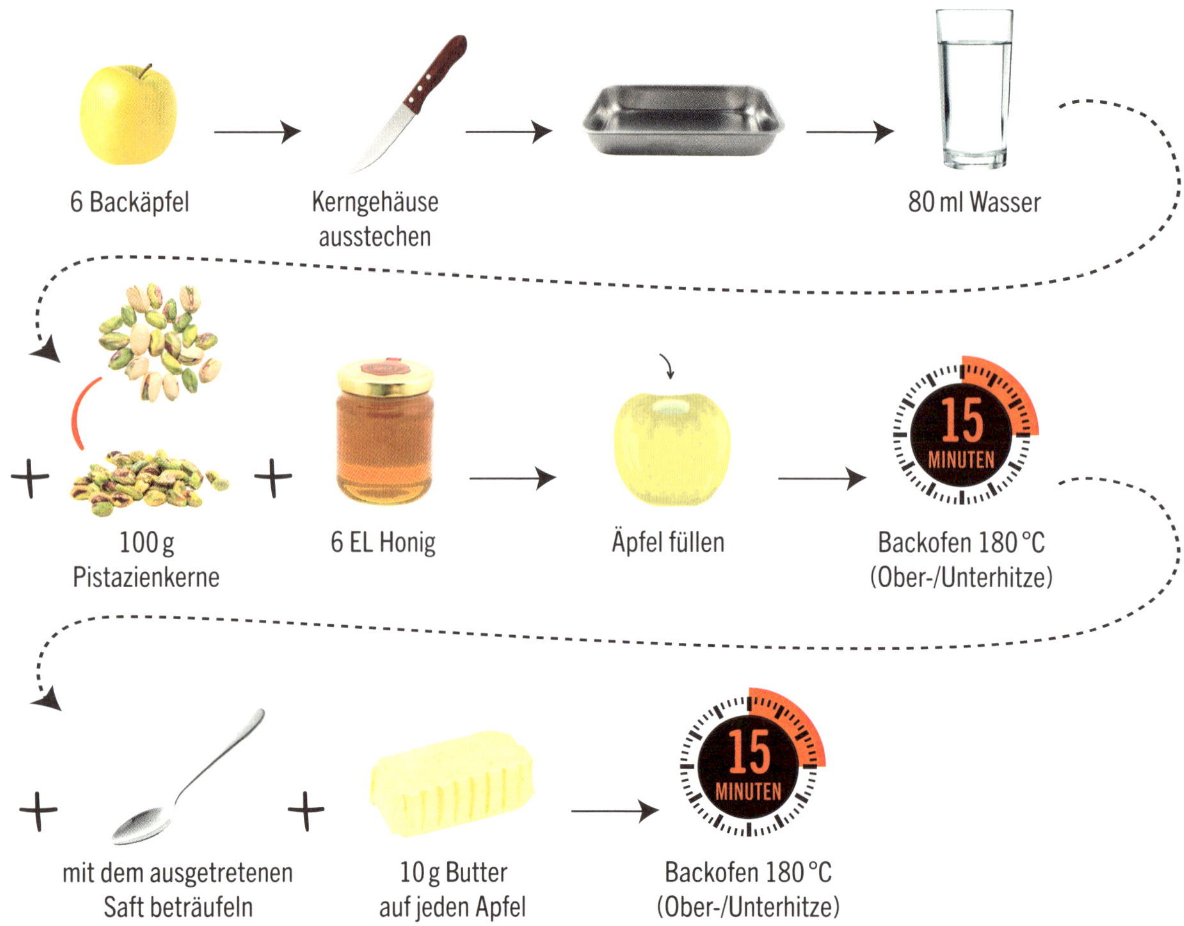

FÜR 6 PERSONEN
VORBEREITEN: 25 MINUTEN
GAREN: 30 MINUTEN

Einkaufslisten

01
ÜBERBACKENER TOAST
mit Sardinen

240 g in Öl eingelegte Sardinen (Dose)
4 EL Zitronensaft
etwas Schnittlauch
8 Scheiben Roggenbrot
60 g Gruyère

02
GEBACKENE PFIRSICHE
mit Rohschinken und Basilikum

2 Pfirsiche
4 Scheiben roher Schinken
½ Bund Basilikum | 1 Schuss Olivenöl

03
ÜBERBACKENES BROT
mit Champignons

250 g kleine Champignons
2 EL Olivenöl
2 Knoblauchzehen
einige Stängel Petersilie
1 kleines Bauern-Weißbrot
400 g stückige Tomaten (Dose)
150 g Comté (franz. Hartkäse)

04
FALAFELN
aus dem Backofen

400 g Kichererbsen (Dose)
1 Zwiebel
1 Knoblauchzehe
¼ Bund Koriandergrün
2 EL Mehl
1 Schuss Olivenöl

05
BLUMENKOHL-RÖSCHEN
ausgebacken

1 Kopf Blumenkohl
2 Eier
90 g Mehl, Type 405
2 TL Backpulver
1 Knoblauchzehe
1 EL gehackte Petersilie
1 l geschmacksneutrales Pflanzenöl
Ketchup

06
ÜBERBACKENE AVOCADOS
mit Ei

2 Avocados
4 Eier
2 EL frisch geriebener Parmesan
1 TL Schnittlauchröllchen
2 EL Sahne
4 Scheiben Bauernbrot

07
EIER IM TÖPFCHEN
mit Paprika und Schnittlauch

1 rote Paprikaschote
4 Eier
4 TL Crème fraîche | 4 TL körniger Senf
1 Bund Schnittlauch

08
GEFÜLLTE EIER
mit Thunfisch

4 Eier
185 g im eigenen Saft eingelegter Thunfisch (Dose)
150 g Frischkäse
1 TL scharfer Senf
1 Prise Knoblauchpulver
einige Schnittlauchröllchen

09
KNACKIGER SALAT
mit Thunfisch

1 Eisbergsalat
185 g im eigenen Saft eingelegter Thunfisch (Dose)
1 Schalotte
einige Stängel Schnittlauch
1 Karotte
2 EL Sojasauce
1 EL Balsamico-Essig

10
TOMATENSALAT
auf italienische Art

800 g bunte Tomaten
1 Knoblauchzehe
1 Frühlingszwiebel
einige Stängel Basilikum
2 EL Weinessig
6 EL Olivenöl
½ Baguette
2 Kugeln Mozzarella

11
KAROTTENSUPPE
mit Rübchen und Orange

—

1 Bio-Orange
2 EL Olivenöl
250 g Karotten
250 g junge Rübchen
100 ml Orangensaft
1 TL Zucker

12
MAISCREMESUPPE
mit Crème fraîche

—

600 g Mais (Dose)
1 Zwiebel
100 g Crème fraîche
einige Stängel Schnittlauch

13
LÄNDLICHE
Gemüsesuppe

—

300 g geräucherter Bauchspeck
4 Blätter Weißkohl
2 mehligkochende Kartoffeln
300 g Kürbis
2 Karotten
1 Stange Lauch
3 EL Sonnenblumenöl
2 l Gemüsebrühe

14
ZUCCHININUDELN
Carbonara

—

1 TL Sonnenblumenöl
1 Zwiebel
125 g Kochschinken
30 g Frischkäse mit Kräutern
200 ml Milch
2 Zucchini

15
SCHWEINEFILET
karamellisiert

—

50 g Zucker
2 milde Zwiebeln
1 EL Sonnenblumenöl
400 g Schweinefilet
2 EL Sojasauce
1 EL Speisestärke

16
FILET MIGNON
mit Senf und Tomaten

—

500 g Schweinefilet
1 Schuss Olivenöl
2 EL körniger Senf
150 ml Kalbsfond
400 g Kirschtomaten

17
AUBERGINEN-CANNELLONI
gefüllt mit Rinderhack

—

2 Auberginen
400 g Rinderhackfleisch
1 Knoblauchzehe
1 Schuss Olivenöl
400 g stückige Tomaten (Dose)
1 Kugel Mozzarella

18
GEFÜLLTE
Paprikaschoten

—

500 g Rinderhackfleisch
265 g Erbsen-Karotten-Mix
3 EL Weißwein
1 Würfel Gemüsebrühe
1 Ei
1 Zwiebel
1 Schalotte
3 Knoblauchzehen
8 rote Paprikaschoten

19
FLEISCHBÄLLCHEN
mit Koriandergrün

—

500 g Rinderhackfleisch
1 Zwiebel
2 EL gehacktes Koriandergrün
2 TL Olivenöl
500 g Passata

20
HÄHNCHENNUGGETS
in knuspriger Hülle

—

500 g Hähnchenbrustfilet
2 Eier
1 TL Tandoori-Gewürzmischung
150 g ungesüßte Cornflakes
60 ml Erdnussöl

21
HÄHNCHEN
mit Oliven

—

6 größere Stücke vom Huhn, mit Knochen
2 TL Olivenöl
2 große Zwiebeln
1 TL Ras el-Hanout
½ Würfel Gemüse- oder Fleischbrühe
20 entsteinte grüne Oliven
6 entsteinte schwarze Oliven

22
HÄHNCHENTOPF
mit Reis, Ananas und Estragon

—

400 g Hähnchenbrustfilet
300 g Reis
350 g Ananasscheiben (Dose)

Einkaufslisten

2 EL gehackter Estragon
2 Schalotten
2 Knoblauchzehen
1 Würfel Hühnerbrühe

23

HÄHNCHENPÄCKCHEN
alla caprese

—

4 TL Couscous
2 Schalotten
400 g zartes Hähnchenbrustfilet
160 g Mozzarella
20 Kirschtomaten (rot und gelb)
4 TL Tomatenmark
4 Zweige Thymian

24

PUTENFRIKADELLEN
mit Frühlingszwiebeln und Minze

—

2 Frühlingszwiebeln
¼ Bund Minze
500 g Putenbrustfilet
1 Schuss Olivenöl

25

PUTENSCHMORTOPF
mit Karotten und Tomaten

—

800 g Putenfleisch
1 EL Olivenöl
8 Karotten
1 Bio-Zitrone
4 TL Tomatenmark
1 EL getrockneter Oregano
1 Zwiebel

26

PUTENGESCHNETZELTES
mit Ingwer und Zwiebeln

—

700 g Putenbrustfilet
1 EL Sonnenblumenöl
2 Zwiebeln | 2 Knoblauchzehen
1 Stück Ingwer (2 cm)
2 EL Honig | 3 EL Balsamico-Essig

27

PUTENOBERKEULE
mit Fenchel

—

2 Putenoberkeulen
2 EL Olivenöl
4 Knollen Fenchel
100 ml Weißwein
1 TL getrockneter Thymian

28

LINSENTOPF
mit Pökelfleisch

—

800 g Pökelfleisch
1 EL Olivenöl
1 Zwiebel | 2 Karotten
1 Zweig Thymian
400 g Puy-Linsen

29

CASSOULET
ganz fix

—

100 g Speckwürfel
4 grobe rohe Bratwürste
1 Räucherwurst
400 g Weiße Bohnen (Dose)
400 g Passata
1 Bouquet garni

30

KABELJAU
auf Lauch-Sahne-Bett

—

4 Stangen Lauch
1 EL Olivenöl
200 g Sahne
2 TL Currypulver
4 Stücke Kabeljaufilet (à 150 g)

31

KABELJAUPÄCKCHEN
mit Cashewpesto

—

90 g Cashewkerne
2 Knoblauchzehen
1 Bund Basilikum
50 g Parmesan
3 EL Olivenöl
480 g Kabeljaufilet
4 Zitronen

32

KABELJAU-BRANDADE
mit Polenta

—

600 g Passata
3 EL Senf
3 EL Crème fraîche
3 Knoblauchzehen
50 g Polenta
500 g Kabeljaufilet
2 EL frisch geriebener Parmesan

33

FISCHCURRY
mit Gemüse und Reis

400 g Kabeljaufilet
200 g Brokkoli
150 g Naturreis
400 ml Kokosmilch
1 EL Olivenöl
1 Tomate
1 rote Zwiebel | 1 Knoblauchzehe
3 TL Currypulver
1 Stück Ingwer (1 cm) | 1 Lorbeerblatt
1 Bio-Limette

34

BUNTER LACHSTOPF
mit Sahne

20 g Butter
2 Karotten
2 Stangen Lauch
4 Stücke Lachsfilet (à 150 g)
200 g Sahne
1 Zitrone
4 Stängel Schnittlauch

35

OFENLACHS
mit Kräuterkruste

2 EL Schnittlauchröllchen
2 EL gehackte Petersilie
60 g Paniermehl
1 Zitrone | 2 Knoblauchzehen
4 Stücke Lachsfilet (à 150 g)
Butter für die Form

36

SEEHECHTFILET
mit Karotten und Zitrone

2 Karotten
4 Seehechtfilets
100 ml trockener Weißwein
1 Zitrone
2 Schalotten
1 Zweig Thymian

37

KNUSPERTASCHEN
mit Fischfüllung

4 Brikteigblätter
4 Fischfilets mit weißem Fleisch
4 EL Senf
einige Blätter Rucola

38

ROTBARBEN
mit Limette und Ingwer

4 große Rotbarben,
alternativ Makrelen
2 Stücke Ingwer (je 1 cm)
2 Bio-Limetten
1 Schuss Olivenöl
½ Bund Koriandergrün

39

GEFÜLLTE SARDINEN
mit Basilikum

2 EL Pinienkerne
4 EL gehacktes Basilikum
4 EL gehackte Petersilie
1 Bio-Zitrone
1 EL Olivenöl
8 Sardinen

40

NUDELTOPF
mit Thunfisch

150 g im eigenen Saft eingelegter
Thunfisch (Dose)
1 Zwiebel
250 g Tagliatelle
150 g Passata
1 Handvoll Basilikumblätter

41

LINSENSALAT
mit geräuchertem Dorsch

350 g Puy-Linsen
2 Schalotten
1 Schuss Olivenöl | 2 EL Apfelessig
250 g geräucherter Dorsch

42

MIESMUSCHELN
mit Kokosmilch und Limette

3 kg Miesmuscheln
2 kleine Schalotten
1 Bio-Limette
200 ml Kokosmilch | 100 ml Weißwein

43

GEMÜSE AUS DEM WOK
im Handumdrehen

2 TL Senf
1 EL Balsamico-Essig | 1 EL Sesamöl
14 Kirschtomaten
1 Zwiebel
2 Knoblauchzehen
1 EL Olivenöl
1 Karotte
1 Zucchini
1 gelbe Paprikaschote
2 kleine Salatgurken
5 getrocknete Tomaten

44

KÜRBISPASTETE
mit Zwiebeln und Salbei

1 Rolle Blätterteig (280 g, Kühlregal)
Butter für die Form
600 g Butternusskürbis

Einkaufslisten

3 rote Zwiebeln
3 EL Olivenöl
2 Knoblauchzehen
2 Stängel Salbei
2 EL Milch

45
BROKKOLITARTE
mit Ziegenfrischkäse

1 Brokkoli
100 g Ziegenfrischkäse
1 Ei
10 Walnusskerne
1 Rolle Mürbeteig (280 g, Kühlregal)
Butter für die Form

46
TOMATENTARTE
mit Rosmarin

200 g Mehl, Type 550
1 Ei
100 g Frischkäse
Butter für die Form
2 EL Senf
2 EL Olivenöl
1 Zweig Rosmarin
6 Tomaten
3 EL Balsamico-Essig
1 TL Rohrohrzucker

47
PIZZA
mit Sommergemüse

1 Rolle Pizzateig (280 g, Kühlregal)
5 EL Passata
4 Frühlingszwiebeln
1 Paprikaschote
1 Zucchini
1 EL Kapern
30 g Gruyère
2 Prisen getrockneter Oregano

48
SÜSSKARTOFFELPÜREE
mit Käse und Zitrone

3 Süßkartoffeln
1 EL Butter
je 30 g Parmesan und Gruyère
½ Zitrone

49
GEFÜLLTE KARTOFFELN
mit Ziegenkäse und Schnittlauch

grobes Salz
4 große vorwiegend festkochende Kartoffeln
½ Bund Schnittlauch
100 g Ziegenkäse
100 g Sahne

50
MANGOLDGRATIN
mit Molkenkäse

500 g Mangold
3 Eier
160 g Molkenkäse von der Ziege
50 g Sahne
1 Prise frisch geriebene Muskatnuss
40 g Comté (franz. Hartkäse)

51
KICHERERBSENBÄLLCHEN
mit Zucchini

210 g Kichererbsen (Dose)
1 Knoblauchzehe
1 EL Zitronensaft
25 g Haferflocken
60 g Zucchini
1 TL getrockneter Oregano
1 Ei
Öl zum Frittieren

52
CONCHIGLIONI
gefüllt mit Spinat und Ricotta

500 g Conchiglioni
500 g Ricotta
300 g Babyspinat
2 Zwiebeln
1 EL Olivenöl
250 g stückige Tomaten (Dose)
2 EL frisch geriebener Parmesan

53
RISOTTO MIT ERBSEN,
Minze und Zitrone

1 Schalotte
200 g Risottoreis
3 EL Olivenöl
1 Bio-Zitrone
200 g junge Erbsen
1 l Gemüsebrühe
50 g Parmesan
einige Blätter Minze

54
LINSEN-SHAKSHUKA
mit Süßkartoffeln und Ei

400 g Süßkartoffeln
125 g rote Linsen
250 g kleine Champignons
4 Tomaten
1 Zwiebel
1 EL rote Currypaste
1 EL Olivenöl
4 Eier
einige Stängel Koriandergrün

55
GEFÜLLTE TOMATEN
mit Weizen und Oliven

8 Tomaten
1 Zwiebel
1 Schuss Olivenöl
200 g vorgegarter Weizen
20 entsteinte grüne Oliven

56
SCHOKOCOOKIES
mit Birne

70 g Butter
60 g Rohrohrzucker
1 Eiweiß
125 g Mehl, Type 405
2 EL dunkle Schokotröpfchen
½ Birne

57
MUFFINS
mit Heidelbeeren

100 g Zucker
1 Ei
125 g Mehl, Type 405
½ TL Backpulver
70 g Butter
100 ml Milch
125 g Heidelbeeren

58
KOKOSMILCHREIS
mit Limette

140 g Rundkornreis
200 ml Kokosmilch
90 g Rohrohrzucker
1 Bio-Limette

59
PANNA COTTA
mit Schokolade

4 Blätter Gelatine
500 g Sahne
80 g Zucker
100 g Vollmilchschokolade
40 g Schokoladenspäne

60
SCHOKOTÖPFCHEN
mit weichem Kern

180 g Zartbitterschokolade
130 g Butter
4 Eier
110 g Zucker
130 g Mehl, Type 405

61
KLEINE KÜCHLEIN
mit Karamellüberraschung

150 g Zucker
100 g gesalzene Butter
80 g Sahne
140 g Mehl, Type 405
4 Eier
Butter für die Formen

62
KÄSEKUCHEN
mit Vanille

200 g Vollkornbutterkekse
60 g Butter
200 g weiße Schokolade
400 g Frischkäse
1 Vanilleschote

63
KÄSEKUCHEN
mit Zitrone

500 g Molkenkäse
100 g Rohrohrzucker
5 Eier
1 Bio-Zitrone
Butter für die Form

64
APFELCRUMBLE
mit Birne und Banane

100 g Rohrohrzucker
100 g Mehl, Type 405
100 g weiche gesalzene Butter,
plus etwas für die Form
60 g gemahlene Mandeln
3 Äpfel
2 Bananen
2 Birnen

65
BRATÄPFEL
mit Pistazienkernen

6 Backäpfel
100 g Pistazienkerne
6 EL Honig
60 g Butter

REGISTER

REZEPTNACHWEIS

© Larousse, Anna Austruy : 1, 8, 9, 14, 18, 21, 23, 43, 46, 48 ; © Larousse, Anne Loiseau : 65 ; © Larousse, Aude Royer : 7, 31, 45 ; © Larousse, Bérengère Abraham : 42, 63 ; © Larousse, Blandine Boyer : 53 ; © Larousse, Camille Depraz : 11 ; © Larousse, Coralie Ferreira : 10, 62 ; © Larousse, Élise Delprat-Alvarès : 6, 19, 25, 29, 32, 35, 36, 39, 40, 47, 50, 52, 56 ; © Larousse, Isabelle Guerre : 13, 15, 26, 27, 28, 30, 34, 44 ; © Larousse, Julie Soucail : 5, 51 ; © Larousse, Mélanie Martin : 20, 49, 57, 59, 60, 61 ; © Larousse, Noémie Strouk : 2, 4, 12, 16, 17, 24, 37, 38, 41, 55, 58 ; © Larousse, Pauline Dubois : 3, 22, 33, 54, 64.

BILDNACHWEIS

© Larousse, Aimery Chemin : 10, 62 ; © Larousse, Aline Princet : 15, 26, 27, 28, 30, 34, 64 ; © Larousse, Amandine Honegger : 6, 18, 19, 21, 23, 25, 29, 32, 35, 36, 39, 40, 43, 46, 47, 48, 50, 52, 56 ; © Larousse, David Bonnier : 58 ; © Larousse, Emanuel Cino : 20, 49, 57, 59, 60, 61, 65 ; © Larousse, Fabrice Besse : 7, 11, 31, 45 ; © Larousse, Fabrice Veigas : 3, 5, 13, 22, 33, 44, 51, 54 ; © Larousse, Marie-José Jarry : 42, 63 ; © Larousse, Olivier Ploton : 2, 4, 12, 16, 17, 24, 37, 38, 41, 53, 55 ; © Larousse, Sophie Dumont : 1, 8, 9, 14.

BILDAGENTUREN

© Larousse, © Shutterstock, © Thinkstock.

DK | Penguin Random House

Für die deutsche Ausgabe:
Programmleitung Monika Schlitzer
Redaktionsleitung und Projektbetreuung Anne Heinel
Herstellungsleitung Dorothee Whittaker
Herstellungskoordination Ksenia Lebedeva
Herstellung Stefanie Staat

Übersetzung Wiebke Krabbe
Lektorat Annika Genning, Text-Genuss
Covergestaltung Stefanie Staat

Titel der französischen Originalausgabe: La Cuisine Sans Blabla – Recettes Petit Budget

Der Originaltitel erschien 2019 in Frankreich bei Larousse, Paris.

ISBN 978-3-8310-3967-8

Druck und Bindung Estella Graficas, Spanien

www.dorlingkindersley.de

2